CW00457553

O Camiño Frances a Compostela

Estudio dunha peregrinaxe

O CAMIÑO

FRANCÉS A COMPOSTELA

Estudio dunha peregrinaxe

LIMIAR

Hoxe é dezasete de setembro; fai ben pouco, tan só un mes, a estas mesmas horas, as oito do serán, en vez de estar diante do ordenador, estaba moi posiblemente duchándome en calquera refuxio do Camiño de Santiago, tentando deixar o cansancio da xornada, tras facer enriba dunha bici máis de oitenta kilometros.

Pero a historia comenza moito antes, caseque dous anos atrás, cando nun día de verán na rua de viños da Coruña, xurde a idea de facer parte do Camiño de Santiago en bici, alomenos dende O Cebreiro, para o vindeiro verán, o do 92. Foi determinante o feito de que tanto Pedro Martínez como eu tiñamos bicis de montañas. Xose Romay tamén está de acordo, e de seguido máis xente apúntase a aventura.

Pero cando chega o verán, ou mellor dito meses antes, xa nos decatamos de que será imposible facelo por moitas razóns, pero destacan duas: unha era que non tiñamos organizado ren; pero a máis importante de todas elas era que non estábamos preparados físicamente para semellante aventura, posto que a posta a ponto fora nula e ninguén tiña a forma física enriba da bici, ninguén aturaría o Camiño. Ademáis non había datas buscadas e non as había dispoñibles... tivemolo que deixar, o cal, coñecendo os meus amigos coruñeses, prácticamente equivalía a deixalo durmir para sempre.

Nembargantes, tras pasar o verán, a idea estaba xa nos miolos do meu amigo Fernando, que se amosaba moi interesado en levalo a cabo no vindeiro verán, coincidindo co Ano Santo 93, que a Xunta tentaba transformar no Xacobeo 93. E así comenza o reto.

Foi Fernando o que a cotío chamaba para interesarse polo proxecto, e cada vez que nos víamos falaba do máxico verán do 93. En xaneiro fanse as primeiras reunións serias entre Fernando e máis eu, pouca xente para o que se tentaba facer. As primeiras tomas de contacto fan-nos decidir que será dende Roncesvalles a Santiago en pouco máis de 10 días, levando coche apoio conducido por nos mesmos por turnos diarios, de tal xeito que todos conducisemos alomenos un día, para o cal era mellor ser dez como mínimo. Pero o consenso non duraría moito posto que en marzal xurde a primeira discusión posto que tanto Fer como Man e tamén Antonio Quintana non queren levar coche apoio porque non queren ter que estar un día conducindo. Aseguran que sería un día de agobio e que queren facer todo o Camiño. Propoñen como solución levar alforxas. A situación é tensa posto que Pedro xa asegura que él sen coche non o pode facer e non tan só polo esforzo, senón porque pode pasar calquera cousa e é importante ter ese apoio non moi lonxe.

O outro tema conflictivo, anque a nivel individual é o da preparación; os de Cedeira non preocupan xa que eu sei que están e estarán en forma para entón. Pero Pedro non ten a bici en Madrid, e tampouco ten tempo para montala, e non ten unha forma axeitada. Vexo cada día máis dificil a sua participación, anque él nunca quere perder a espranza. Emilio vai a cotio o ximnasio pero tampouco anda en bici, o cal tamén pode ser un pequeno atranco. Pola miña parte, como non estou traballando, vou todalas semanas duas ou tres veces a facer un par de horas, e cada vez fago máis kilómetros; 40, 50.... Romay por suposto tampouco preocupa nese aspecto.

O outro tema de consenso son as datas. Na Semana Santa quedará fixado para o mes de agosto anque sen perfilalas de todo.

En maio comenzan a producirse reunións para debatir os diferentes aspectos. Os de Cedeira seguén mantendo que eles non conduciran o coche, o que provoca que Pedro xa diga que él así non vai, alegando que xa lle costará porse en boa forma para que enriba teña que levar algo máis de 10 kilos extra nas alforxas. Ademáis segue a decir que sempre pode ocorrer algo; nesto non estou de acordo, pero despois demostraríase que foi a salvación miña o teren o coche alí mesmo.

Antonio Quintana traeranos unha espranza na nova de que un médico dun pobo preto de Cedeira quere facer tamén o Camiño, e a sua dona amósase disposta a facer de coche-apoio. Parece que tamén os problemas de datas arránxanse. Todo vai saíndo ben, pero será nos derradeiros días de xuño cando se producirán duas baixas. Pedro xa está convencido de que, o non ter collido forma física non chegaría a Santiago. Por outra banda, Antonio sofre un esguince de nocello que lle vai impedir facela peregrinaxe.

Seguimos cas reunións. Afortunadamente semella que o médico cada vez está máis seguro. Imos perfilando o grupo: de Cedeira Man e o médico -Xulio-, de San Sebastián Fer e dous compañeiros do hospital que non coñece demasiado -e que non semella estar moi ledo ca idea de que veñan-, e de Coruña Xosé, Emilio e máis eu. Xosé xa ten días concedidos no traballo, o mesmo que Emilio, pero estaba a expensas do que fixera Asun, quen estaba pendente de irse nas mesmas datas a EE.UU. Xose tamén podía ir e estaba nun dilema. O remate Asun non foi os Estados Unidos, pero ambolos dous querían estar xuntos. A solución era que él escomenzase a peregrinaxe en Logroño, gañando dous días máis. Non sei porque din que parte do mérito desa "negociación" é meu, que tan só propuxen a idea.

O certo é que xa entrados en xullo, a un mes da marcha decídense definitivamente as datas e incluso, as etapas a facer, tendo en conta os albergues. Lendo guías, e comparando etapas, fago unha primeira impresión dun pequeno manual da ruta, e Antonio conquire os perfís do Camiño (estes datos están o final, nun apéndice) e facemos a lista de cousas que cadanseu levará na viaxe -e que pouco se cumpriú-. Nesas listas figuraban botiquín -que non se fixo- e un amplo número de ferramentas, que salvo o imprescindible para un pinchazo, non se levaron.

Os contactos telefónicos eran cotians, sobre todo entre Man e eu. Con todo organizado, a preocupación miña era sobre todo se sería capaz de aturar todo o Camiño enriba da bici. Tiña algunhas espranzas, sobre todo despois de ver que Emilio fixera nun só día os 90 kilometros dende Vilalba a Compostela. Pero derrubáronse un pouco o domingo anterior a partida, cando fomos ata Pontedeume na bici para atoparmos con Man e facer a derradeira reunión. Tras chegar, Kike convenceunos para ir xantar a un fermoso sitio preto de alí, como a cinco kilómetros. Resulta que tardamos máis de duas horas en chegar e os cinco kilómetros convertironse en máis de 30, e todo por estradas cunhas pendentes que na miña vida subira -nunha delas tiven que baixar ou ir en zig-zag-. En total ese día, posto que logo voltamos a Pontedeume na bici, fixemos 100 kilómetros xustos. Quedei un poco farto de bici, e de ahí veu a miña intención de conservar todalas forzas que puidese durante todo o Camiño, e a miña inseguridade nelas.

O certo é que nesa derradeira semana foi todo arranxar cousas: collelos billetes, revisar as máquinas, facer a lista definitiva de cousas a levar, darnos folgos mutuamente.... E chegou o venres 13 de agosto no que xa pola mañá cedo fun curtar a pelo como nunca o tivera. As bicis xa as mandáros Xavier e máis eu por Seur ata Pamplona, o mesmo que fixo Romay ca de Kike ata Logroño. Por certo que Romay equipoulle a bici cuns cornos de 7.000 ptas e unha cuberta Hutchinson de máis de 3.000. Comín na casa, e logo xa veu Emilio, e saímos para ir a recoller a Man que viña no autobús de Ferrol. Levamos as cousas a estación do tren e trouxen o coche a casa. Despedida da nai. Voltei a estación, e montamos no tren que durante toda a noite levaríanos cara a Vitoria. Como non quero ser pesado non contarei ren desa viaxe, tan só decir que foi dificil durmir, pese a que o revisor empeñábase en deitarnos. En Vitoria collemos o autobús cara a Pamplona, e na estación atopamonos con Fer e os amigos que o trouxeron, Sergio e Mercedes. Tentamos enterarnos de como subir a Roncesvalles, e tan só había unha empresa que faga o traxecto; afortunadamente teñen un pequeno almacen para gardar as bicis que suben nun camión. Imos a Seur a recollelas nosas, e é de agradecer que nos baixen nunha furgoneta ata a estación sen cobrarnos ren. Alí deixámolas no almacén e logo imos a tomar algo polas ruas de tapeo da zoa vella. Logo as murallas e despois a xantar un prato combinado, para instantes despois voltar a estación e darnos cobadazos ca xente para poder entrar no autobús, pero eso xa forma parte da historia do Camiño.

MEMORIA DUNHA PEREGRINAXE

Roncesvalles recibiunos con frío e orvallo, sorprendente pois en Pamplona estivéramos en manga curta. Era o primeiro troco brusco de temperatura.

A subida a Roncesvalles faise nun autobús ateigado de xente, pois coincidimos cun grupo de senderistas cataláns. As mochilas van onde poden e nos afastados uns de outros -a min tócame ir de copiloto-. O autobús de "La Montañesa" vai percorrendo curva tras curva facéndonos ver os primeiros tramos que faremos. As bicis suben nun camión descuberto; menos mal que as nosas ián dentro de caixas. Tras agardar bastante tempo, no cal todo o mundo xa se empezaba a poñer nervoso, chegou o vetusto camión cargado de bicis, que fomos baixando axudándonos uns os outros. Comenzamos a montar as nosas debaixo dun soportal, non sen certa dificultade, quedando bastante claro quen tiña algunha idea de todo aquelo e quen non. Foi a miña primeira lección de mecánica.

Pese o bon trato recibido despois, o certo é que todo o mundo estaba un pouco despistado. Si a elo engadimos que as voluntarias que atendían a hospedería perdéranse polo serán nos montes viciños -compre suliñar que as devanditas voluntarias eran de Madrid e Toledo-, e que nos non tiñamos idea de como funcionaban os albergues, aínda se verá que estabamos totalmente "out".

Tras montar as bicis, pasamos á acción. A xente acomodárase como mellor puido, pois as literas do refuxio estaban xa ateigadas. As primeiras habitacións onde tan só había uns cartóns sobre o chan de madeira, estaban cheos de sacos e esterillas xunto cas mochilas, sin que ninguén estivera gardándoas. A confianza era meirande da que nos tiñamos. Alí estaban todalas pertenzas para o Camiño de moita xente e a ninguén semellaba importarlle. Nos tiñamos un pouco de medo a deixar as cousas ó albur; a nosa maior preocupación eran as bicis. Xa antes de saír sabíamos que desapareceran moitas bicis, principalmente en León, e a verdade que nos primeiros días tivemos verdadeira obsesión. Candábamos as bicis, anque mellor sería decir que "acorazábamos" as bicis, e as veces era difícil saber por donde saían e que voltas daban as cadeas e similares.

Fumos facer a credencial; foi rápido, moito máis do que sería decidir onde poñíamos os sacos. Investigamos polo refuxio. As literas todas cheas. A primera estancia estaba tamén chea, no pasillo empezaba a xente a poñer as suas cousas; despois do pasillo había unha que estaba agachadiña e totalmente baldeira. Tan só había unha mesa e os xa vistos cartóns no chan. A parede desconchada, o chan de madeira e un pequeno ventanuco polo que tan so se vían os cumes das árbores molladas. Tras falalo un bon anaco, no que o maior ponto de diverxencia era o medo a deixar as cousas abandoadas, e vendo que cada vez chegaba máis xente, decidimos tomar a habitación, e por suposto facernos donos da mesa, onde depositamos as mochilas; colocamos os sacos nos cartóns, e xusto nese intre, tivemos a primeira grata sorpresa do Camiño. Unha rapaza sorrinte e moi simpática que xa viramos antes, preguntoulle a Man se pensábamos durmir alí. Trala resposta afirmativa, entablou un divertido diálogo con nos, no que descubrimos con curiosidade que tiñan prevista facer aproximadamete as mismas etapas. salvo algúnha pequena variación. A gran diferencia e que eles non tiñan coche apoio, e ían cargando cas alforxas, o que motivou que Man lles oferecese o coche a cambio dunha gran aportación económica. Como se vería despois, terían que facer uso del. Durmiron a carón noso.

Empezábamos a despreocuparnos e moito máis cando as voluntarias de Toledo e Madrid comentáronnos que alí tan sólo desaparecera unha bici a un pelegrín que despois de perderse nos Pirineos, chegou mollado, frío e exhausto, e mentre repoñía forzas e tomaba unha ducha, roubáronlle a bici.

Ouvimos Misa. Algúns non tiña demasiado interese en asistir pero por non quedar sós, foron. Foi unha fermosa cerimonia, cantada, e o remate da mesma o Abad da Colexiata de Roncesvalles, deunos a bendizón do Pelegrín os pes de Nosa Señora de Roncesvalles. Pedinlle que nos axudase a chegar ben a todos.

Os nosos motivos, en xeral, estaban claros, e predominaban os temas deportivos e de aventura. Pero tamén, polo memos en mín había unha promesa feita moito tempo antes, e tamén outra moi recente, proximisima.

Os nosos compañeiros non chegaban, nin os bascos, nin os galegos. Entretivémonos duchándonos e escrebendo as primeiras postais, a miña para Carolina, ademáis de charlar cas voluntarias sobre o Camiño e a trivialización dese ano. Despois, xa cando empezaba a facerse de noite, fumos a tomar un bocata a un bar. Circulaba por alí moita xente, incluídos os dunha voda. En parellas saíamos a patrullar, para tentar matar un pouco os nervos polo retraso.

Nesto estábamos cando chegaron os vascos, que foran dende Donosti por Francia ata chegar a altura de Roncesvalles, e tiveran certos atrancos. Pero preocupábamos moito máis que non chegasen os do coche apoio. De feito, mentres os donostiarras ceaban, nos agardábamos ansiosos que chegasen os outros. Ademáis Man e Fernando non tiñan sacos posto que viñan tamén no coche. Fer foi chamar a Cedeira para saber se deixaran algunha mensaxe na sua casa. Viñeran de Donosti catro persoas, posto que para traer os dous ciclistas viñeron outro rapaz e a sua noiva. Decidiron ir durmir a un hotel, o que supoñía que deixaríanlles os sacos os Otero. Así pois os vascos foronse cara a Pamploña buscando onde durmir, -e tiveron que chegar a poucos kilómetros da capital-, mentres nos entrábamos na Badia para pernoctar, desesperados porque os outros non chegaran.

Podedes supoñer o problema que se nos viña enriba con esta nova. Non estabamos preparados para facer a viaxe sin coche. Sin que ninguén dixera nada todo o mundo pensaba algo raro, pero aínda non era moi forte. A fin de contas, prácticamente nin Man nin Fer tiñan moito contacto con eles. Deitámonos nunha habitación ateigada xa de sacos, e a que entráramos tentando non pisar a ninguén. Eran as 11 e xa estaban pechando as portas.

Xusto cando se apagaran as luces, entraron duas persoas, linterna na man que buscaban as suas mochilas e ameazaban con chamar a Garda Civil, que o remate veu. Atoparon as mochilas nos arredores da Abadía sen que faltase ren.

Tiñamos previsto erguernos as 7,30 h., pero unha hora antes xa había un bon rebumbio por alí, posto que os camiñantes saían cedo. Os derradeiros seríamos nos xunto cos cántabros, o cal convertiríase case na norma.

Segunda sorpresa agradable; cando iámos cara os baños, os mellores do Camiño xunto cos de Santo Domingo ata Galiza, Man atopou os cedeirenses. Chegaran cando xa estaban a piques de pechar as portas porque pincharon duas veces. Alí estaban Xulio, a sua muller Loli e a sua cuñada Yolanda. Durmiran no corredor e atopámolos de casualidade. Recollimos todo, e fumos

almorzar, no mesmo intre en que chegaban os vascos, Angel e
Iñaki, a quen xa chamarei polos seus nomes posto que xa está
ben e son duas persoas fabulosas. Tras facer o primeiro almorzo
conxunto e sacar as primeiras fotos, quedou craro que duas
persoas non querían malgastar demasiadas forzas. Fernando tiña
entre cella e cella a idea de subir o Alto de Ibañeta e alí se
foron todos, salvo Emilio e máis eu, que agardamos cas rapazas
e os compañeiros dos donostiarras. Por estas cousas e polas
sesions de fotos, fumos os derradeiros en abandoar
Roncesvalles.

Baixábamos pola estrada, cando Fer decatouse de que o
Camiño desviábase por un sendeiro; tan só Man, Fer e eu
seguimos as frechas amarelas, mentres o resto ían pola estrada.

O primeiro contacto que tivemos co camiño foi certamente
espectacular, sobre todo para quen coma eu, poucas veces tivera
a ocasión de meterme por un camiño de montaña. Estaba moi ben
sinalizado, de tal xeito que non había xeito de perderse. Pero
nalgunhas zoas era certamente intransitable, e ademáis ca
choiva do día anterior e a xeada da noite, estaba moi
esbaradizo. Tras pasar Burguete atravesamos un río, e decateime
do divertido que é o "mountain". Seguíamos indo polo camiño,
abrindo e pechando cancelas onde carteis xa pedían que se
pechasen para que non escapara o gando. Contínuos ascensos e
descensos, e tan só na subida a Mezquiriz tivemos que baixar
das bicis pois había unha subida de peldaños, e puxemos as

bicis sobre o ombreiro, sufrindo por primeira vez en todo o Camiño.

Despois veu a primeira zoa dificil do traxecto, unha pronunciada baixada na que era imposible frear posto que o chan era moi esvaradizo, para despois entrar nun camiño estreito onde se facía dificil controlar a bici posto que os pedais chocaban cos penedos situados a carón da ruta facéndome perder o precario equilibrio e estando a piques varias veces de irme rodando polo pequena pendente dun lado. Para rematar, fomos parar a unha baixadiña con cantos ceibes nos que se afundían as rodas, e que deixaron abraidas a unhas rapaciñas camiñantes que se ofreceron a curarnos as feridas posto que xa nos vían cos osos quebrados. Ahí xa tiña craro para que valía unha BTT.

Seguíamos a baixar, e como en Navarra, o igual que en Galiza todo o que baixa volta subir, atopámonos de sùpeto ca subida o Alto de Erro, intre no que eu decidin que era mellor gardar forzas, e abandoando os meus compañeiros emprendin a subida pola estrada. Foi un xesto nobre pola miña parte nun afán de non frear a marcha dos que sempre ían por diante de min. Non debo negar que tamén é certo que cada un debe saber onde está o seu límite. Tan so deixei de facer isto na subida o Cebreiro. Tiña a idea de que podía ser demasiado duro todo o Camiño, e o obxetivo era chegar como fose, e pensaba que había que ir gardando forzas para os derradeiros días. Sinceramente, tiña moitas dúbidas de que poidese aguantar todo o Camiño, e por eso gardaba forzas. Afortunadamente fixera unha boa preparación que me permitiu non pasar demasiados apuros, e cando estes chegaron, sempre tiven alguén o meu carón que me axudou a seguer adiante. Esta e unha das grandezas do Camiño.

Cando cheguei a cima do Erro, alí estaban xa agardando o resto, que chegaran algo antes, cas rapazas amosando os seus privilexiados tipos, mellor a pequena, anque a casada era máis exuberante. Acostumaríamonos tamén a eso. En canto chegaron os Otero encetamos de novo o Camiño, baixando por unhas fortes pendentes de pedra solta; por primeira vez iamos todos xuntos, salvo Xosé Romay que se nos uniría días máis tarde.

As rapazas chegaban o ponto de encontro onde fornecían-nos de manxares que nos sabían a gloria. De paso nunca viña mal un descansiño. O tempo comenzaba a mellorar, ata tal ponto que xa non quedaba ren das brétemas nin orballos anteriores o Erro. O Sol quentaba xa e aínda non eran a unha.

Zubiri -Pueblo da Ponte-, e Larrasoaña marcaron os derradeiros kilometros de camiño puro pola mañá, posto que para chegar a xantar a Pamplona, fumos por estrada. Hai que engadir que tamén o fixemos porque non eramos quen de atopar o camiño, tras dar unha enorme volta o redor dunha especie de canteira con fábrica. O ritmo que impuxemos foi moi forte, con continuos relevos na cabeza, nalgún deles xogándose algún o tipo. Chegamos a Pamplona, e entramos por un viaducto cara a parte nova da cidade, para despois, tras reagruparnos, ir cara a parte de viños onde dimos bastantes voltas ata decidir xantar por primeira vez de bocadillo, nun lugar onde atopamos os cántabros que tamén se dispuñan a tomar uns bocatas. Nos deixamos as bicis cas cadeas postas e arrimadas contra unha verxa, baixo a mirada dos nosos compañeiros que comían fora. Adentrámonos no bar, e devoramos varios bocatas. Xa fartos, saímos, e Fer animouse a ser o primeiro en romper hostilidades cos cántabros posto que a sua bici apareceu pinchada. Era unha cabronada, pero o pior e que non apalpou ben a cuberta, e despois de pór a cuberta e enchela, decatouse do pequeno erro ó ver como se desinchaba de novo. Nin que decir ten que as gargalladas resonaron na viciña Praza Maior. Decía que empezou a competencia con Guti posto que alternaríanse nos pinchazos segundo ían pasando os días.

Tras arranxar definitivamente a roda, puxémonos a buscar un sitio onde tomar un xelado, antoxo das nenas, e por fin atopámolo. Facía xa unha calor pegadiza, preludio da proximidade das terras do sur.

Co guierio das frechas amarelas que acompañan o pelegrín todo o Camiño, saímos de Iruñea (Pamplona en euskera) en dirección a Cizur Menor. É a zona pior sinalizada de todo ó Camiño. Saese por unha estrada bastante transitada e pérdeste cunha gran facilidade. De feito, nunha casa do pobo, coincidimos cunhas burgalesas que tamén perderan aos seus compañeiros. Nesa casa informaron-nos das duas posibilidades de chegar ata Puente la Reina; unha era seguir un camiño polvorento e con grandes atrancos, amén da subida o Monte do Perdón onde está a fonte "Reniega" que os nosos non chegaron a ollar, e si os cántabros, que sufriron na subida ata ela, por indicacións dun paisano do que se lembraban tempo despois,.... e non de moi bo agrado. A outra opción era seguir a estrada; esta última a escollimos Emilio, Iñaki e máis eu. O problema é que tras unha subidiña algo cansina, estabamos máis perdidos que ninguén e demos un rodeo duns cantos kilómetros. Nas subidas, Iñaki subía sen notalo, mentres que eu procuraba aguantar -traballo me costaba- e Emilio quedaba lixeiramente descolgado.

A dureza do Camiño manifestábase en comparanza ca estrada, pois ésta última subía moita máis amodiño cos camiños, tendo un maior percorrido; por contra, moitas veces os sendeiros baixaban para logo volver a subir nunhas pendentes pronunciadísimas.

Os derradeiros kilómetros facémolos por unha verea estreita onde atopamos os cántabros, que xa comenzaban a ser inseparables. Entramos en Puente la Reina, onde xa se atopaban as rapazas, agardando algo aburridas a nosa chegada. Dende logo non eran o prototipo de pelegriñas posto que estaban sentadas a carón do coche cun pantaloncíños curtos e unha camiseta de sisas que facían que moitos votasen unha mirada de esguello para elas.

Chegaron os nosos compañeiros xusto no intre que se abría o plazo de admisión do segundo turno no albergue. Xa non había sitio no albergue do convento. Foi a úneca vez ata a derradeira noite que tivemos problemas para atopar sitio onde durmir. O albergue estaba cheo, o fogar do pensionista non tiña demasiado sitio, e unha riada de xente percorría as ruas do pobo tentando atopar un sitio, xa fose no asilo ou no pavillón do concello. Ante tal panorama quedámonos no fogar tras deliverar dabondo para o caso, e mentres elas atopaban un par de colchóns, nos instalábamonos no corredor, deixando as bicis nas escaleiras de baixada o soto. Tras a ducha reparadora, fomos cear e case o úneco que atopamos foi un bar cunha música altísima onde nos deron uns bocadillos, posto que xa era bastante tarde. Esa noite durmin xa ben, pero tiña un pequeno problema cas defecación.

Estábamos na metade do sono cando unha luz na cara, unhas botas militares, e unha voz fonda, espertáronme, o mesmo que a todo o mundo. Ca potente luz da lanterna na faciana, o garda preguntou; O pai Agustiño. Esto deu lugar a moitas bromas o longo de todo a viaxe.

A hora de erguerse os camiñantes viña sendo as 6,30, para aproveitar as horas de frescura. Nos, por suposto, faríamolo máis tarde. Como xa quedou dito, había moita xente en Puente la Reina, e de feito foi a derradeira xornada onde vimos tal número de pelegrins ata chegar a Galiza.

Entre que nos arranxámos, cargamos o coche, e fumos almorzar pasou bastante tempo. Empezábamos a facer fortes almorzos, con bollería abundante e moitas veces, zumes de froitas. Era lóxico despois de tantas horas enriba da bici, e de tantas horas de xaxún ata a mañá. Por suposto, ca primeira comida tamén facíamos a primeira carga de auga.

Tamén empezaron as primeiras sesións fotográficas e videográficas, posto que o trío tiña unha meirande afección a estas cousas, que competía ca de estampar selo na credencial.

Saimos pola famosa ponte que da nome a Puente la Reina, e tralas fotos de rigor, tomamos o Camiño. Facía calor, o sol prometía quentar con forza e a temperatura subía a medida que trancurría o día. Cada vez menos pobos que atravesar, anque seguían todos, e seguirían por toda Castela, ca mesma distribución "cabreante", posto que en canto entrabas por unha zoa chá, e de súpeto o Camiño que gaba por unhas pendentes curtas pero moi fortes para chegar ata a Igrexa que sempre está no máis alto. Serían cabróns os devanceiros. Así era Lorca, e logo Emilio e máis eu collimos xa a estrada para seguer camiño ata Nájera, e logo a Estella, onde como xa era un pobo de certa importancia, pois había máis dunha Igrexa, e nos perdemos, o cal foi unha sorte porque así puidemos apreciar a beleza da vila, e do seu conxunto monumental. Tras parar na primeira Igrexa que atopamos, e tomar un auga -posto que xa baldeiráramos os tres bidóns cos case dous litros de cada un-nun asilo o seu carón -nos e os asilos-, entramos nas murallas da cidade, e chegamos ata a oficiña de turismo, onde selaban as credenciais, e onde coidábamos atopalos. Pero tampouco estaban alí. Selamos, e mentres Emilio agardaba alí, eu collía a bici, e fun tentar atopalos, alomenos as rapazas. E atopeinos a todos, facendose uns bocatas nun parque a uns 200 metros, e latricando non sei que de onde nos metéramos.

Mientras preparaban los tentempies, Man y yo nos afanamos en buscar una tienda de deportes donde poder comprar unos culotes porque había que lavar el puesto y el culo empezaba a resentirse de las mazaduras del camino. Yo ya tenía una llaga que me estaba dando guerra y que había empezado a tratar con pomada del ejército.

Mucho turista en Estella, y a partir de ahí, ya empezaría a menguar el número de peregrinos. En Estella volvímos a encontrar a los cántabros, que nos seguían los pasos.

Salimos de Estella todos juntos, charlando y pensando en catar el buen vino de la zona en el Monasterio de Irache, a tres kilómetros de Estella, donde los al lado de los muros del antiguo cenobio benedictino, se situa una bodega con nombre de Irache, y que mantiene la vieja tradición de dar un vaso de vino al peregrino bajo la leyenda de "A beber buen vino, te invitamos con agrado; para poderlo llevar, el vino ha de ser comprado".

Proseguimos por un camino en cuesta y polvoriento. El calor aprieta, y casi ahoga, sobre todo en las pequeñas cuestas que hay que subir. Algún trozo por carretera, y así llegamos a un túnel, a la salida del cual está Urbiola, donde una fuentecilla es usada por una decena de ciclistas para refrescarse, cosa que hacemos nosotros mojándo las cabezas y camisetas. Allí, como muchas otras veces, el Camino da a elegir entre seguir los senderos o viajar por carretera. Un paisano nos alertó de un duro trecho, y Julio y yo decidimos continuar por carretera tres kilómetros más, y luego volver a coger el camino, quedando en un riachuelo bordeado por una chopera. El resto menos Emilio que ya iba por carretera, se metieron por el sendero.

Tras desviarnos y llegar a una zona donde había un arroyo, con un puentecillo con árboles como exagerándolo un poco nos había dicho el paisano, Julio decidió que no podía ser aquello, y que ellos seguirían hasta un pinar situado unas cuantas cuestas más adelante. Yo consentí, con lo cual tengo tanta culpa como él. Llegamos y nos tumbamos a la sombra, vaciándo las últimas gotas de agua de las botellas, pensando en la proximidad del destino matutino. Eran las 12,30 y el calor era fortísimo. No se derretía el asfalto porque era un camino de

tierra, sino ya veríamos. Pasaba el tiempo y ellos no llegaban.
Aunque hubiesen tenido problemas, tendrían que estar ya allí.
Julio, que para estas cuestiones también era bastante cómodo,
aseguraba que ya vendrían, pero yo tras dejar pasar un buen
rato, decidí irme a buscarlos al arroyo anterior. Curiosamente,
ellos, que efectivamente estaban esperando, pensaban lo mismo,
y se encaminaba un grupo hacia el pinar. A gritos nos llamamos;
eran tres los que venían aventurándose a seguir un poco más por
si había una segunda chopera con arroyo. Hubo alguna que otra
recriminación hacia nosotros, y con toda la razón.

Las cosas marchaban bien, con lo que podíamos llamar grupo
paralelo. Ellas se encargaban de tenernos a punto los bocatas y
bebidas, cosa que aún ahora tenemos que agradecer. Se
levantaban generalmente algo más tarde que nosotros y luego se
dedicaban a hacer turismo. Pero prácticamente desde el primer
día comenzaron a aburrirse, y decir en voz alta, que deberíamos
ir por carretera, pues se llegaba antes y así pasaríamos más
tiempo con ellas; pero la mayoría del grupo por no decir todos,
se negaban a aceptar. Para nosotros, era un poco incómodo
también tener que pasar y a veces esperar en algún sitio,
porque estaban ellas y tomábamos algo con ellas en vez de
continuar a nuestro ritmo.

Una vez reunidos todos de nuevo, proseguimos bajo el más
tórrido sol que soporté nunca, o por lo menos del que peor
recuerdo tengo. Pedaleábamos entre inmensos campos de trigo

segado ya empaquetado, con sus restos quemados por el Sol. Era una vista asombrosa y aterradora. No veíamos ninguna señal de algo vivo; ni un pueblo, casa o cabaña.... ningún labrador a quién preguntar.....y no teníamos agua. Así estuvimos casi una hora en la que frenéticamente devorábamos kilómetros sin poder parar ni querer parar, secos, casi deshidratados, manteniendo un ritmo infernal para llegar cuanto antes a Los Arcos y poder beber.

Al entrar en el pueblo en fiestas, asaltamos la fuente, rompiendo la disciplina de no beber agua no embotellada. Allí, viéndonos, esperaban ya Emilio, Loli y Yolanda, con bocatas, y fresca y jugosa fruta, y mucha más agua. Ni que decir tiene que devoramos la comida. Un poco más tarde llegó José el cántabro, a quién invitamos a tomarse algo, puesto que sus compañeros tardaron más de una hora en llegar, y el pobre no tenía nada de comer. Venía por carretera, mientras sus compañeros lo hacían por camino y con sus enormes alforjas llenas detrás.Era impresionante ver a Sofía, tan menudita ella, subir cuestas con la bici y con qué potencia lo hacía. Poco a poco nos estábamos haciendo colegas, pues coincidíamos en todos los lados.

Tan pronto acabamos de comer, Emilio emprendió su particular jornada solitaria, mientras nosotros descansábamos un poco. Los siguientes en partir, fueron los del camino, puesto que Julio, Jose y yo decidieramos que ya estaba bien de comer polvo. Sellamos las credenciales en una especie de caravana y enfilamos la carretera hacía Logroño, punto de destino; pronto una discrepancia, puesto que Julio ya ponía empeño en sellar en cuanta Iglesia veía, y así nos desviamos a Torres del Río donde no pudo sellar. Seguimos hacia Viana, donde quedáramos en vernos. La carretera era buena, y parecía llana, salvo un pequeño puertecito que se hizo eterno para todo aquel que tuvo que subirlo, o sea todos, puesto que el calor motivaba que no hubiese demasiadas fuerzas. Yo tiré de Julio toda la subida que realmente le costó subir, y en el camino dejamos a varias ciclistas apurando zonas de sombra o subiendo a pie. Otra vez nos quedamos sin agua, pero Viana estaba cerca afortunadamente, aunque para no faltar a la tradición tuvimos que subir una dura pendiente hasta la Iglesia, donde estaban ya las chicas y los del "polvo". Empezaba a comprobar que eran unas máquinas de dar pedales; su ritmo era terrorífico. Lo comprobaría al día siguiente.

Tras tomar un refresco en una terracilla -lo de peregrinos nos quedaba un poco grande- y recargar en la fuente, lo cual dejaba ya de ser un inconveniente, reiniciamos la marcha, quedando las chicas encargadas de sellar la credencial, y lo hicieron en uno de los sitios de mayor raigambre peregrina y popular....un bar. Bajando por un caminito, llegamos a la carretera y entramos en La Rioja, tierra de viñedos donde decidimos por sugerencia de Julio, coger unos racimos para catar las uvas riojanas -por supuesto cometí la estupidez de cogerle a Julio un racimo pues creo recordar que era algo cómodo-. Luego de saborear un poco de sulfato, y cuando estábamos ya subidos en las bicis, apareció el Seat coruñés, al cual Julio decidió darles unas uvas y les hizo una seña para que parasen, lo cual hicieron con tan mala suerte que era a pocos metros de dejar un cambio de rasante, y no contentas con eso dieron marcha atrás en plena nacional. Les dimos las uvas, y cuando ya nosotros seguíamos y ellas se disponían a hacerlo, aparecio un 131 navarro, que protestó airadamente pitando, a lo cual ellas respondieron; la cosa quedaría así si no fuera porque al pasar por nuestro lado, Julio les hizo gestos de reproches con algún que otro insulto. Pararon en seco unos metros más adelante, y tres de ellos se bajaron del coche, el conductor con algo similar a una barra o porra y nos amenazaban según avanzabamos, lanzando todo tipo de insultos. Cuando pasó Julio la porra estaba preparada detrás para salir disparada, mientras yo decía alguna cosa tranquilizadora .....el incidente quedó en un duelo de gallitos, sin ninguna consecuencia; ellos se metieron en el coche y siguieron sin hacernos el menor caso cuando nos adelantaron. A ellas les recomendamos que no parasen si los veían, y por culpa de esta chorrada, bajamos a muy buen ritmo haciendo contínuos relevos a todo tren, hasta Logroño donde ellas siguieron la carretera equivocada y fuimos a parar a otra parte de Logroño, con lo cual recorrimos una buena parte de la ciudad intentando encontrar el puente de piedra, donde al llegar nos esperaban los otros, con unas señales inequívocas de cansancio.

Habíamos quedado allí con Jose y Asun, a quiénes había llamado desde Puente la Reina para rogarles que encontrasen un camping con piscina, pues queríamos ya una jornada de relax, y tan solo iban dos días. Lógicamente habíamos elegido el día, puesto que con el calor que llevábamos apetecía muchísimo.

Pasaban ya media hora de las seis, hora de encuentro y no había señal de ellos, ante lo cual los llamé a casa, y lógicamente aún estaban allí. Cuando los vimos llegar me acerqué a saludarlos y recriminarlos, blandamente. Cruzaron el puente dando disculpas, y se dieron cuenta por las caras que teníamos que estábamos muy cansados, y la espera no hacía sino incrementar dicho cansancio, e incluso alguno se estaba quedando dormido, caso de Man y Angel. Tal y como es Asun y también Jose, no hubo presentaciones pues las hicieron ellos mismos, y de las reprimendas pasamos a los besos y a caminar hacia el camping, cerquita de allí, y que estaba englobado en un complejo con varias piscinas, al que acudía todo Logroño. Montamos las tiendas, nos duchamos. Fuimos a lavar los culotes a las duchas. Y aquí es de justicia el mencionar la extremada generosidad de Asun, puesto que no solo estuvo con nosotros el resto de la noche, sino que en ese momento se ofreció para llevar a lavar la ropa sucia de todos.... la ropa sucia, maloliente, polvorienta de siete peregrinos en bici. Todo un detalle que la define. ¡Gracias!. Pero siempre frente a las buenas acciones y buenas personas, se situan las malas, y así cuando se iban a llevar la ropa y quedábamos con ellos para más tarde, Julio les llamó la atención y conminó a que llegasen a tiempo; todo ello tras molestarse en buscarnos un camping con piscina, llevarnos a conocer Logroño y llevarnos la ropa sucia a lavar...... Según confesó Jose, desde ese momento le cayó bastante mal, aunque ambos muy discretamente, callaron.

Tras decidir cada uno quién iba y quién no iba a las piscinas, los decididos esperamos a que Yoli y Begoña estuviesen listas. Emilio, cansado, se quedó con Iñaki en el camping, mientras los demás nos encaminábamos, toalla en ristre, riéndonos de las marcas que el Sol había dejado en el cuerpo de Fernando, que estaba quemado en aquellas partes que su maillot verde marujita o rojo pasión entero dejaba ver. El muy macho no se ponía ningún tipo de protección ¡ni que hubiese vivido en Bilbao!. Todos en general poníamos algún tipo de crema solar, y yo personalmente, que era el más moreno, usaba Isdín 15. Hablando de "coulottes", Fer era el que marcaba la moda, pues mientras los demás usábamos los típicos negros, largos en el caso de Angel e Iñaki, el tenía uno negro, y luego los ya mencionados verde maruja, y rojo, que lo delataban a distancia. Además su casco era rojo, y a veces se ponía un pañuelo rojo en el cuello. Todo un show. El culote de Jose era de un tono azul turquesa, pero la novedad consiste en las frases cariñosas escritas por Asun junto a un corazón en el muslo. En cada pedalada la llevaría consigo...oh, la amour!

Hablando de equipamiento, todos llevábamos casco, salvo Emilio que prefirió una gorra para protegerse del sol; el calzado era en todos tenis o zapatillas de deporte, menos Fer que llevaba unas semibotas. Todos con culotes y camisetas, y también en general gafas. Los más preparados eran el grupo vasco, incluyendo en él a Fer, pues tenían la costumbre de salir mucho en cicloturismo, y tenían de todo en miniatura. Por las mañanas, frías en general, salíamos con chubasqueros aunque enseguida los recogíamos, puesto que el sol apretaba fuerte. Las sudaderas servían como jerseys para las noches, aunque eso ya se comentará.

Tras entrar en la piscina no sin ciertos problemas debido a las tarjetas de entrada -no sabíamos muy bien como funcionaban-pudimos comprobar los buenos tipos de ambas chicas, aunque Begoña empezaba a estar un poco rellenita, tenía unas formas exhuberantes, mientras su hermana, bastante más agradable en el trato, aunque se le notasen sus 19 años, era más delgada, pero guapa y con buen tipo.

Habíamos quedado con la pareja anfitriona sobre las nueve y media en un parquecito tipo inglés del otro lado del Ebro, y cuando llegamos Fer y yo, estaban allí sentados en la hierba, amparados por la oscuridad que ya iba cubriendo todo.

Nos llevaron, primero de vinos, al mismo tiempo que nos enseñaban la zona antigua, con la Iglesia de Santiago el Real, al lado de la cual está la fuente de los peregrinos, y una pequeña plaza con un suelo simulando ser el juego de la Oca, y las casilla diferentes pueblos del Camino.

Tras tomar unos cortos por Logroña, y estar en un bar gallego, fuímos a cenar a un sitio cercano a la Catedral, donde según Asun ponían buen cordero. Julio y Begoña estaban empeñados en comer cordero. El sitio era un poco cutre, pero recomendado por Miguel; tan solo había dos raciones de cordero, bastante más caras que las de pollo y las de guiso de ternera -por cierto, deliciosas ambas-. Evidentemente, no hay que ser muy listos para saber quién se comió el cordero. Aparte de este segundo detalle en el mismo día de mal gusto, la cena fue divertidísima, y entre la esquina que formábamos Angel, Man y yo, estuvimos toda la cena riendo, metiéndonos con todos, y las más de las veces por auténticas tonterias. También a partir de este día, nos convertimos en grandes consumidores de "claras" -cerveza y gaseosa-. También fue el primer día que comíamos decentemente desde que salimos de Coruña, pues hasta ahora los bocatas habían formado la dieta habitual.

Tras cenar, nos fuímos a tomar una copa "sin" a la plaza contigua, la de la Catedral, donde la pareja paralela se desembarazó de su carabina particular, ya que sin duda querían estar un rato a solas. Por supuesto que no nos molestó que se quedase Yoli con nosotros, aunque ella si que pareció molestarse algo.

La temperatura era agradable, y como la etapa del día siguiente era corta, pues nos quedamos hasta tarde en la terraza. Luego nos despedimos de Asun y Jose hasta el día siguiente en que Jose se uniría a nosotros. Emilio, quién se había quedado durmiendo, controlaba en cierto modo las bicis, que como siempre habían quedado bien candadas y sin sillines. Con las luces de las linternas, nos cambiamos y metimos en las tiendas. Emilio, Man y yo dormíamos en una; Angel, Iñaki y Fer en la otra, aunque Fer no se mostraba muy de acuerdo. Yo me acosté un poco más tarde, puesto que seguía intentando "hacer de vientre" (que fino), sin conseguirlo todavía desde que salí de Coruña. Man por el contrario iba casi en cada parada. Dormí bien, aunque con bastante calor y haciendo uso de los tapones. Iñaki salió fuera de la tienda para dormir fuera de la tienda, y así me lo encontré al levantarme, puesto que como casi siempre era yo el primero.

Cuando Emilio y yo nos levantamos, fuimos a tomar un ligero desayuno, mientras los otros se desperezaban. Yo aproveché para comprar otra postal; con esta era ya la tercera que mandaba, despues de Roncesvalles y Puente la Reina.

Mientras ellas quedaban en el camping, nosotros salíamos dispuestos a desayunar cuanto antes. Julio, Emilio y yo intentamos sellar las credenciales en la Iglesia de Santiago, que no abría hasta bastante más tarde, y como nadie nos informaba del refugio, lo hicimos en la Policia Municipal. Nos reunímos con ellos en la Plaza de la Catedral, y ya habían comprado viandas para el desayuno; bocatas, frutas, yogures líquidos y mucha agua. Unos ancianos varios de los cuales eran de raza gitana, nos miraron con cierta atención mientras tomabamos nuestro energéticos manajares.

Al reemprender la marcha, comprobé que había perdido un guante, lo cual influiría bastante en mi particular Camino. La etapa era corta, y salimos muy tarde, casi a media mañana, con lo cual el Sol ya estaba en lo alto.

Habíamos intentado lavar las bicis en el camping, pero ni nos dejaron ver la manguera, con lo cual las bicis estaban bastante guarra. En la salida de la ciudad, había una gasolinera, al lado de la cual estaba un taller de Firestone -creo recordar-, y un empleado muy amable, nos dejó usar dos mangueras, e incluso para secarlas, un aparato de aire a presión. Tras engrasarlas, reemprendimos la marcha, y tomamos el camino que en pocos kilómetros se acercaba a un pantano rodeado por un pinar, donde unas sombras hacían apetecible descansar.... pero el Camino es largo, y el tórrido Sol seguía pegando fuerte.

Al hacer tantísimo calor, bebíamos cantidades enormes de agua, y debido a la cantidad de sudor que expulsábamos, casi ni se orinaba. El camino, seco, obligaba a cerrar la boca, pues el polvo levantado por los primeros entraba rápidamente. Fer y Angel llevaban pañuelos mojados en la nuca, y todos aprovechábamos cualquier acequia de las que jalonan la Rioja para meter la cabeza e incluso las camisetas, para intentar aliviar un poco el calor. Pasamos por Navarrete sin tiempo para parar. El Camino se llevaba bien, aunque el calor iba disminuyendo las fuerzas. Llevábamos más agua de lo normal, después de lo que aconteciera el día anterior. A lo lejos veíamos la Sierra de la Demanda, techo de la zona Castellana.

Llegamos a Nájera a una hora prudente para comer, pues queríamos hacerlo cómodamente, con cuchillo y tenedor; y así lo hicimos. Antes, Man fue a arreglar su bici a un mecánico, pues tenía un problema con un disco del piñón lo que le acarreaba ciertos problemas y miedo a una rotura. Era la primera avería un tanto seria, sin contar los múltiples pinchazos de Fer -que aventajaba a Guti en su lucha particular-, y unos retoques en los cambios. A Emilio se le empezaba a conocer por McGyver por su facilidad para hallar soluciones a cualquier situación.

Dejamos las bicis candadas, pero ya algo menos que hasta el momento, mientras comíamos con cuchillo y tenedor en un restaurante, tras lo cual nos tumbamos en la hierba de un parquecillo a la orilla del Najerilla. Fue en este momento cuando Begoña nos echó dos broncas a todos. En diferentes momentos anteriores, individualmente comentaba que deberíamos ir por carretera, puesto que era mucho más rápido, y así ellas se aburrirían menos. Todos renegamos de esa posibilidad. Lo más sorprendente fue la regañina que nos echó por haber ido el día anterior a un camping, gastándonos las pelas, y más cuando se enteró que el refugio de Logroño era nuevo y había estado semivacio. Todo eso despues de cenar la noche anterior cordero a varios miles de pelas la ración. Para rematar, tampoco quería que nos fuésemos tan pronto de allí, pero volvimos a imponer la razón mayoritaria, pues queríamos llegar pronto para ver la exposición sobre el Camino de Santo Domingo -aumentaría sus quejas cuando vió que nos dirigíamos a ver el Monasterio de Santa Mª la Real-. Cabe resaltar la generosidad de una chica del restaurante que nos llenó las más de 20 botellas de agua, enjuagándolas primero y luego llenándolas con la fresquísima agua de un pozo. A la salida del Monasterio encontramos a un peregrino francés que iba a Santiago por una promesa, y que tenía que llegar pese a tener los pies en carne viva y que los médicos le recomendaban no seguir. Llevaba algo más de un mes, y calculaba llegar en otro mes. Espero que lo consiguiese. Salimos por camino bajo un Sol de justicia. Cada vez encontrábamos menos gente en nuestro camino, lo cual era un poco extraño teniendo en cuenta que era el mes de agosto, y la cantidad de gente hasta Estella.

Mientras nos separábamos de ellas y de Emilio hasta Santo Domingo, empezábamos otra jornada de calor intenso, bien provistos de agua pero con bastante sopor. Era una zona de amplios regadios, verdes y frescos, llana, pero en la que repentinamente aparecía una fortísima pendiente, en una de las cuales, tras llegar arriba por "cojo..." estaban un grupo de cuatro peregrinas leonesas, que acababan de subir andando, y poco más adelante, en una zona arbolada, varios grupos de ciclistas tomándose un respiro. Luego otra llanura en la que volábamos, ... y sufría yo con mi puñetera llaga del trasero, lo que me impedía mantener el fuerte ritmo impuesto, próximo a los 30 km/h llaneando por camino de tierra y piedrecillas y ligeros baches, con lo cual los saltitos sobre el sillín eran constantes.

Quedaba poco para llegar según nuestras mediciones basadas en las guías, pero ya teníamos la experiencia de tener que realizar alguna decena más de kilómetros de los marcados. En algún momento hubo hasta 20 km. de diferencia entre la guía y los cuenta de diferentes grupos de ciclistas. La mayoría de las guías estaban desfasadas, y otras mentían vilmente hasta tal punto, que parecía que algunos habían estado en el Camino tan solo para hacerse la foto. Las únicas realmente fiables, con algunos leves retoque eran las de El País-Aguilar y la nueva de Everest.

Despues de pasar Azofra, teníamos bastante sed, y nuestros bidones estaban calientes, al alcanzar una carretera vimos un indicador hacia una fuente en Ciriñuela. La coña del asunto es que al llegar a dicha fuente, ponía en grandes letras rojas "Agua no clorada", pero ya habíamos dejado atrás parte de nuestros temores, y bebimos la fresca agua. Total, no significaba que no fuera potable.

Bajamos los 2 km desde dicho pueblo para retomar el Camino; teníamos que coger otra vez la ruta de tierra, cuando por la carretera, precedida de una furgoneta venía una segadora. Yo cerraba el grupo, como casi siempre. A los pocos metros de haber cogido el camino, oí un ruído en mi trasera, y pensé que la segadora venía tras de mi, con lo cual me quise asegurar mirando hacia atrás, y cuando con alivio volvía la vista la rueda delantera pisó una piedra, se movió la dirección, y salí volando por encima de la bici cayendo rodilla en tierra y protegiendome con las manos. Es el momento de recordar que tan solo llevaba un guante. Fueron dos leves rasguños; uno en la rodilla y el otro en la palma de la mano derecha, como un estigma, pero que traería sus consecuencias.

Todos dieron la vuelta, y se convirtió en la primera caída sangrienta del peregrinaje. Todas las anteriores habían sido pequeños sustos graciosos, sobresaliendo sobre todas una de Julio que al tomar desde una carretera un camino, que continuaba tras la bajada con una curva de 90° la tomo recta oyendo detrás nuestra un ¡aaaah! continuado y viendo como se metía de frente en un prado, donde afortunádamente no había ningún obstáculo.

Lavé las leves heridas y continuamos el Camino, y tras subir una ligera cuesta, comenzamos una serie de toboganes, en cuyas bajadas comprendí la temeridad de las bicis de montaña, puesto que por un camino de tierra, con pequeñas piedras sueltas y algún bache, bajábamos a 60 por hora, separados por 5 o 6 metros unos de otros y uniéndonos en filas de 14 o 15 personas. Realmente impresionaba cuando llegabas a la cumbre e ibas a empezar a bajar, ver una hilera de polvo que levantaban la casi interminable fila de ciclistas. Realmente iba "cagaito" de miedo, pues después de mi caída me daba cuenta que cualquier mínimo incidente suponía una caída y a esas velocidades podía ser bastante grave. Pero bajé.

Entramos en Santo Domingo y nos dirijimos al refugio, el mejor atendido del Camino, y donde nos esperaban las chicas, aburridas, y Emilio. En cuanto fuímos a alojarnos, un chico de la organizacíon al ver mi herida levemente ensangrentadas me preguntó si quería ir al dispensario, pero finalmente no fui. El albergue tenía un gran patio donde se alojaba a los peregrinos, además de muchas literas reservadas para los caminantes como es normal. Había un momtón de gente, y cantidad de bicis candadas ya sin tanta precaución.

Habíamos quedado con Asun y Jose, quién me traía un nuevo par de guantes pedidos por teléfono en la primera parada tras salir de Logroño, en una plaza del ayuntamiento. Antes fuímos a ver la exposición sobre el Camino, dentro de la Catedral. Fer tuvo un pequeño incidente pues no quería dejar la cámara en la consigna y no le dejaban entrar con ella. Al final tuvo que ceder. En 20 minutos tuvimos que verla toda, tras pagar una entrada que podríamos calificar de cara.

También entramos con celeridad en la Catedral, para ver el gallo y la gallina y el precioso mausoleo del Santo. Emilio y yo fuímos a esperar a la pareja en la plaza del Ayuntamiento (como no), mientras los otros buscaban un sitio para cenar. También yo buscaba a escondidas un buzón, y no hace falta decir para qué.

Llegaron como siempre tarde -la puntualidad no es el fuerte de quién yo me se-, y además los trajo Miguel, a quién hacía mucho tiempo que no veía, y mientras dejábamos la bici de Kike -que tanta sensación causaría a lo largo del viaje- llegaban para buscarnos los otros. Fuímos a cenar unos bocatas en una calle de marcha, y tras tomar unas claras y llamar a casa, regresamos al refugio a hora temprana, pues cerraban a las once, como en muchos otros sitios para que la gente pudiese descansar.

Por la mañana, entre la algarabía general, despertamos y nos levantamos. Entre los peregrinos existe, aunque mejor decir existía, la costumbre de dejar algo de dinero para el mantenimiento del refugio, que suelen ser 300 ptas. Bego se oponía rotundamente a ese despilfarro, aunque nosotros tampoco eramos mucho mejores. Pero a nadie veíamos echar nada al salir.

Mientras nosotros nos preparábamos para la marcha e íbamos a desayunar, Fer emprendía su particular "Via Crucis" del día, puesto que había notado que le faltaban las gafas y creía haberlas perdido mientras hacía unas fotos en los toboganes. Al final las encontró, al precio de hacerse unos 20 kilómetros extra. También nos encontró a nosotros desayunando.... pero le había desaparecido la cartera. Nos dividimos para buscarla, y mientras una pareja fue al albergue, otra a la Policia Municipal y otros buscaban en las mochilas. Como no; McGyver nos sacó del apuro, pues las encontró en un pliegue interior de la bolsa delantera de la bici de Fer. Las parejas volvieron al albergue y la Policia para que no se preocupasen. Por fin tras alguna hora de retraso salimos de Santo Domingo de la Calzada en dirección a Burgos.

Yo tenía que ir por carretera. Me dolía la llaga de la mano, y no podía sujetar bien el manillar, ante lo cual decidí lo más sencillo. La llevaba al aire, -el guante se pegaba a la herida-pero el sudor impedía que cicatrizara y de hecho no lo hizo hasta llevar un par de días en Coruña. Un verdadero fastidio.

Habíamos quedado en vernos en Villafranca de Montes de Oca, donde Emi y yo esperamos junto a las chicas la llegada de los polvorientos. Mientras sellaba las credenciales y me informaban sobre las zonas de acampada en Castilla-León, llenaban los bidones, comían galletas y fruta. Era la preparación para la primera gran etapa de montaña, la subida a los otrora temibles Montes de Oca. La subida previsiblemente era dura por camino, y algo mejor a través del Alto de la Pedraja. Emilio, Julio y yo íbamos por carretera. Teníamos muy claro que cada uno debía subir a su ritmo, pero Julio ya daba impresión de tomárselo un poco como competición y se desmarcaba; me fui tras él. Empezamos las rampas, menos duras que las de Erro pero mas largas. Poco a poco Emilio se quedaba, mientras Julio perdía su fuelle inicial, de tal modo que no me fue dificil cogerlo, y tras dos rampas, dejarlo atrás. Conste que yo iba al ritmo que podía llevar, y que me encontraba bien. El puerto era largo, y cuando que parecía que podía empezar a descender, volvía de nuevo a subir. Alcanzo a un supuesto peregrino que me dice que va hacia Burgos, pero no tiene ni idea de donde está San Juan de Ortega. Veo un cartel indicador del Camino en una rápida bajada, y pego un frenazo con lo cual casi se empotra el ciclista anterior. Retrocedo 50 metros para ver el cartel, y mientras lo observo, aparece Julio. Decidimos continuar un poco más, pues no hay señal ni en el cartel del Monasterio, y unos kilómetros más adelante, vemos la desviación. Allí habíamos quedado con Emi. A un kilómetro está un pueblo -Santovenia de Oca- y suponemos la cercanía del Monasterio. Julio -muy cómodo él- queda para esperar a Emilio, mientras yo voy a buscar a los otros al Monasterio, quedando en que yo volvería a la carretera, y que ya los cogería unos kilómetros más adelante, pues suponía -tonto de mi- que pronto encontraría a los otros y que ellos no podrían ir muy rápido. Pero tras pasar el mencionado pueblo, recorró más de 7 km. hasta el Monasterio, adonde llego realmente cansado por la lejanía. Ni rastro de ellos. Están allí varios "habituales", como la familia cántabra con su hijo de 12 años que sube las cuestas con sus alforjas y no da señales de cansancio, salvo en alguna cuesta que sube dando tumbos -y llegó a Santiago-. También el padre y el hijo de Alcobendas. Comento con ellos, mientras unos pseudoperegrinos se bajan de un Kadett cabrio vestidos con un polo amarillo y bermudas también a juego, y sacan unos flamantes bastones de peregrinos modelo "El Corte Inglés".

Tardaron más de una hora en llegar, y cuando lo hicieron, Fer traía un pañuelo en la nariz atado a la nuca porque sangraba por la misma. Mientras se metían en un bar, Jose y yo fuímos a sellar las credenciales. Me habían advertido que el cura era conservador con las ideas del camino y para él los únicos auténticos eran los caminantes; despreciaba a los ciclistas, que decir del resto. Con la credencial de Jose teníamos un problema; era una de las que nos habían dado en la Iglesia de Santiago en Coruña, y traía publicidad de CaixaGalicia. En Belorado no la quisieron sellar y nos remitieron a éste cura. El cura ve dos personas y 10 credenciales y se pone de mala leche. Nos preguntó de donde veníamos y al ver que lo hacíamos en bici, masculló de mala manera algo contra ellas. Aseguró con tozudez que solo sellaría las de aquellos que se encontrasen allí, y para evitar líos les dí las de todos salvo Emilio, Julio, Begoña y Yoli. Aún así preguntaba si estaban todos los demás allí y salí a la puerta llamándolos para que se acercasen. Me pidió dos veces que los dejase, que se lo creía, en un tono más humilde. Pero se negaba a sellar la de Jose por no ser oficial y llevar publicidad, pero también en principio se negaba a darle una credencial "oficial" pues no tenía una presentación del párroco de Jose. Al final accedió a vendérsela por 10 duros. Jose le dejó 40.

Llegaron Emilio y Julio, desesperados por mi tardanza, aunque hubo un malentendido, que lógicamente Julio me echó en cara, y muchos más cuando se enteró de que no había podido sellar sus credenciales, de tal modo que me las pidió enfadado y se quedó con las del trío.

Tomamos un tentempie en el bar que sirva a las cuatro casas, y reemprendimos la marcha, yendo Julio por camino con el resto. Apretaba ya el Sol de mediodía, pero tan sólo quedaban 20 km por una carretera nacional con ancho arcén, sin prácticamente cuestas, y llegamos a Burgos para comer. Enfilamos a la Catedral directamente en donde habíamos quedado en vernos y en donde sellé las credenciales en una zona habilitada para el Camino atendido por uniformadas azafatas; un turista francés se quería llevar nuestras credenciales porque le gustaban los sellos. Fuera estaban ya las chicas desde hacía tiempo, tomando algo en unas terrazas de la misma plaza, y allí nos sentamos, a la sombra. Bego nos comentó de nuevo, con más fuerza, la conveniencia de ir por carretera, puesto que estaba claro que se llegaba antes, y así se podía fácilmente comer y estar más tiempo juntos. Estaba claro que se aburrían y mucho. Cuando llegaron los demás, que no fue demasiado tarde, empezaron los problemas. Se podría decir que fue el comienzo de las hostilidades abiertas, puesto que las semillas ya estaban plantadas días atrás, pero las tratábamos de ocultar.

Todo surgió en el momento de ir a comer; Bego y Julio querían comer cochinillo en un buen sitio, y Bego ya se había estado enterando. Pero chocaron con mi oposición y alguna otra opinión. Fer y Angel querían comer algo ligerito y luego si terciaba, cenar cochinillo; Man y sobre todo yo, queríamos comer ligero y barato y ya se vería que se hacía con la cena. A mi sinceramente me daba cierto reparo ir a comer cochinillo y gastar tres o cuatro mil pesetas, como bien les expliqué a mis compañeros, nombre que a partir de este día quedaba reducido en tres personas. Al no haber acuerdo, ellos se fueron, mientras nosotros comíamos una rica paella bajo las sombrillas de la misma plaza. Yolanda tuvo que conformarse con irse aunque claramente a disgusto.

Fue la primera separación, que se manifestó en que en dicha comida hicimos ya fondo aparte y nació una nueva camaradería. Al día siguiente Begoña renunció a llevar el fondo común.

Al terminar de comer, mientras dábamos una pequeña vuelta y tomábamos café, Man y yo fuímos a buscar un cajero, y tras sacar dinero nos tiramos un rato en el Parque que bordea el Arlanzón en toda su ribera. Yo me encontraba fatal; me dolía la cabeza, incluso tenía ganas de vomitar y fuertes retortijones al no haber podido prácticamente excretar algo desde que salí de Coruña -curiosa estampa ver los dos extremos de la misma cuerda-. Menos mal que ese día no hubo que hacer Camino por la tarde, porque creo sinceramente que hubiera pinchado.

Nos vimos todos y nos fuímos al refugio, cercano al Monasterio de las Huelgas, donde fuimos recibidos de muy mala; ayudó bastante el verlas aparecer a ellas con sus camisetas cortas de sisas y sus pantanloncitos cortos. El encargado, un gilipollas, comenzó a hacer comentarios refiriéndose a nosotros como los excursionistas. El albergue además no era gran cosa; barracones de madera con techumbre de uralita -con más de 30 grados- situados en una zona descampada, eso sí rodeada de parque; había literas "adosadas", una ducha y dos tazas para cada sexo, fuera en otro barracón adyacente. Al llegar encadenáramos las bicis, cuando, tras ver el panorama y que tendríamos que esperar hasta las seis para saber si podríamos quedarnos, pues la preferencia la tienen los caminantes, comenzamos a deliberar si quedarnos o no. Las tres opciones eran o quedarnos y tener litera, o acampar alrededor de los barracones, o la propuesta mía de ir al camping. Me acordaba del magnífico camping municipal que tiene Burgos. Jose no se acordaba del mismo -habíamos estado con Suso-, pero inmediatamente me apoyó. Numerosos indecisos, y oposición frontal del matrimonio.

Los ánimos se iban caldeando contra el albergue, y por fin se tomó una decisión traumática, puesto que marcó las relaciones, y rompió la camaradería. Decidimos irnos al camping. El matrimonio y la pobre Yolanda, se quedaban esperando por una litera, o acamparían en el bosque de alrededor. Descandamos las bicis, colocamos los sillines de nuevo, dejandole una cadena a Julio, y nos fuímos al coche. Yo, quizá con la alegría de dormir "a gusto", salí rápidamente y no me enteré de nada, hasta que ví la cruda realidad. Julio abrió el portón trasero y sacó una bolsa ajena; comprendí lo que pasaba. Se había negado a llevarnos las mochilas al camping. Prácticamente le dijo a Fer que ya que éramos los que nos íbamos, nos fastidiábamos. La cara de Yoli era expresiva de su repulsa por la actitud de su cuñado; las nuestras de cólera contenida. Yo lo tenía muy fácil, puesto que tenía una mochila y en ella se colgaban el saco y la esterilla; era incómodo pero nada comparado con los demás, pues Man llevaba dos mochilas -una delante y otra detrás- además del saco, y al hombro una tienda. Pero eso no era nada ya que Angel y Jose, confiados en que había coche, llevaban bolsos de viaje, y fue todo un espectáculo ver como se las arreglaban para pasar las asas por los hombros. Emilio cargó con la otra tienda en su mochila. Sinceramente creo que Julio y Bego se partían de risa canalla por dentro.

No hará falta decir las caras de asombro de la gente cuando nos veían pasar; tampoco será necesario comentar los muchos peligros que pueden acechar yendo por las calles de una ciudad desconocida, rodeados de tráfico cargados con esos peligrosos e inestables bultos. Afortunadamente, cuenta con una gran extensión de carril-bici a lo largo del río y eso nos libró. 7..... siete km., 7, recorrimos. De tan penosos que resultaron, los pobres compañeros preguntaban constantemente si realmente existía dicho camping. Tras pasar casi todo Burgos, y ante ciertas quejas coñeras, le pregunté a un señor, que resultó ser "poco normal"; afortunadamente otro ciclista que pasaba por allí nos llevó al camping directamente, y resultó ser casi un "Edén".

Hasta entonces la única preocupación era encontrar el camping, pero en cuenta el ciclista nos llevaba directos, Fer se me acercó y me preguntó mi opinión; ni tiempo me dió a contestarle ya que Romay respondió por mi, y los pusimos ...... mejor no decir lo que dijimos. Más tarde, más tranquilos, lo comentamos entre todos. Creo que no hace falta valorarlo más.

Empezamos a montar las tiendas, mientras que Angel e Iñaki volvían a Burgos, sin carga, para comprar una piececilla y una aguja e hilo. La verdad es que los comentarios jocosos abundaban. Una vez terminadas las "obras", pude ir al servicio, donde en un ambiente tan agradable mi intestino se relajó y pudo vaciarse a gusto. ¡Qué placer!. No quiero hacer comentarios escatológicos; cualquiera puede darse cuenta de lo que es estar "lleno" desde Coruña.

Nos pusimos a lavar la ropa, y justo a nuestro lado estaba una familia belga, cuya hija, de unos 16 años tenía una preciosa melena rubia, y una bonita cara y unos maravillosos ojos verdes claros, preciosos. Nos miraba. Hacíamos comentarios entre nosotros sobre sus anchas caderas y sus fuertes piernas -no hará falta decir que tipo de comentarios-. En esto que la madre se nos acerca y en un excelente castellano, nos preguntó si estábamos haciendo el Camino, y nos comentó que venían desde Bélgica ella y su hija haciéndolo, mientras que su marido se había unido, en coche en Roncesvalles. La chica no dejaba de sonreir, pero no entendía ni torta. Los encontraríamos más adelante en Castrojeriz y en el Obradoiro.

Lavar la ropa, ducharnos y cambiarnos, todo con mucha calma, tomándo algún refresco. Quedáramos a las 9 en la Catedral, y salimos a las 9 de las tiendas. Ni que decir tiene que no nos dimos excesiva prisa por el hecho de que se nos hiciese tarde. Pedimos dos taxis en recepción, y media hora más tarde estábamos en el punto de cita. Se lo tomaron con calma, haciendo chanzas, pero claramente se veía que les había sentado como un tiro. Alguno de nosotros respondía que el viaje era largo.

Nadie propuso ir a cenar en plan serio, saciadas ya sus ganas de cochinillo a mediodía, y decidimos ir de vinos, tapeando aquí y allá, y bebiendo litros y litros de claras. Probé por primera vez los caracoles, y Julio tenía razón al decirme que lo fundamental era la salsa. La salsa estaba buena. Fuímos a tomar un cafecito, y luego a tomar una copa -clara- a una plaza contigua a la mayor. Angel se puso como loco al oír sonar "La Macarena", canción del verano. Mientras estábamos sentados en la plaza, Bego hacía comentarios irónicos sobre los km. extras realizados aquella tarde con las bolsas, advirtiéndonos la suerte que teníamos de tenerlas a ellas y a su coche, pues "cargar con todo eso en la espalda" a lo cual contestábamos que lo hubiésemos hecho igual, pero con alforjas. Los comentarios no pasaron de ahí, externamente. Cada uno internamente estaba que mordía. Fer y Man callaban porque Julio era médico cerca de Cedeira, y el resto por no cabrearse...total solo eran unos cuantos días más.

Cuando se fueron, Julio nos advirtió que no se levantaría hasta que fuésemos a despertalo, puesto que no quería estar a expensas "de nuestros retrasos". La retranca predominaba. Nosotros aún nos quedamos tomando otra clara antes de coger otros dos taxis que nos llevaron de regreso al camping. Gracias al taxista nos enteramos de cierto truco italiano consistente en pintar una camiseta blanca con una raya negra diagonal simulando un cinturos. Hacía algo de frío, pese a que durante la jornada había hecho calor. Nadie durmió fuera de la tienda.

A las ocho nos levantamos, yo el primero ¡que raro!. Tras estar todos despiertos, desmontamos las tiendas, pagamos y cargando con nuestros bultos, recorrimos el camino inverso hasta el albegue, donde estuvimos tirados alrededor de media hora, esperando al señorito, que cumplió su palabra, y nos devolvía la media hora del día anterior. Luego nos contó tales maravillas del albergue que resultó esperpéntico. Ellas durmieron mucho más.

Tras estar todos listos, salimos y desayunamos en el primer bar que encontramos. Un desayuno normal para esos días de esfuerzo, y donde se vieron otra vez el "savoir faure" de Julio puesto que entró y se sentó en una mesa, esperando que alguién le preguntaría como todos los días que quería. Se tuvo que levantar y pedir él. Otras veces tenía excesiva prisa, sobre todo si no abundaban los bollos, y era el primer en pedir. Tras finalizar recargamos los bidones, sin aceptar su sugerencia de llenarlos en el servicio. Se fueron por camino, mientras Emi y yo devoraríamos asfalto. **Expresion homenaje a Jose.**

Habíamos quedado en Castrojeriz sobre las 12,30. No era muy consciente de lo que estaba perdiendo al ir por carretera puesto que estaba concentrado en hacer km. Iba bastante bien, cansado como todo el mundo, pero acababa bien las etapas. Ahora, en la lejanía en el tiempo, echo de menos no haber tomado la decisión de sufrir algo más y hacerlo por camino. Los primeros días temía el no ser capaz de aguantar y la sola idea del abandono me hacía tomar muchas precauciones. Tras la caída, era la molestia de la mano lo que me impedía seguir la ruta, pues se necesitaba estar al 100 % en mi caso para soportar todas las piedras y baches del Camino. Además había otro sentimiento personal, que era el no molestar a mis compañeros, y sin duda alguna, los retrasaría, puesto que yo no tenía su fuerza subiendo, potencia llaneando y habilidad bajando. De hecho algún día que fui con ellos, siempre iba de último, y en cuanto se subía o bajaba, yo cerraba el grupo, quedandome regazado y haciendoles esperar en la cima. Tengo que decir que jamás protestaron por ello y me animaban a seguir por camino, que era mucho más divertido y emocionante que la carretera. Debo añadir su velocidad endiablada, e incluso mantenían en zonas llanas el mismo ritmo que nosotros por carretera. Otro inconveniente era el culo, puesto que seguía con sus heridas. Por culpa de todo ello me perdí detalles artísticos, pintorescos, o situaciones divertidas. Sería largo enumerar todo, y no es objetivo describir monumentos ni paisajes. Viene a cuento por una foto que estoy viendo del Camino cruzando por debajo de los arcos de S. Antón, cerca de Castrojeriz, imagen dantesca y no conocida por mi.

Llegamos Emi y yo a Castrojeriz sobrados de tiempo. Normalmente quedábamos en sitios "encontrables" tales como Catedrales, o albergue. Pero Castrojeriz no tiene nada de ello. Por ello decidimos encontrarnos donde se sellasen las credenciales. Nos dirigimos a la Iglesia de la parte alta, después de subir bastantes cuestas. Charlamos con unos valencianos, y después nos fuimos a la oficina de turismo donde sellamos. Tomamos algo en un bar colindante con unos madrileños -cuyas novias venían en coche apoyo y se retrasaban yendo de compras- mientras esperábamos a que llegasen los demás. Después de una hora de espera, comenzamos a dar una vuelta por el pueblo

y los encontramos en los soportales del ayuntamiento poniéndose como guarros comiendo fruta junto a los cántabros -que los reencontrábamos- y Fer mano a mano con Guti contando chistes ¡y aún tuvieron valor para reprocharnos la tardanza!. A todo esto, Fer lucía un aparatoso vendaje sobre el hombro derecho, y todo el brazo tenía múltiples rasguños. Su casco tenía un hueco. La caída había sido dura, pero movía a risa escuchar el motivo. Cuando iban por una zona llana decidió darle mayor realismo a sus fotos; para ello no se le ocurrió mejor idea que comprobar como saldría una foto en movimiento. Saco una, y para asegurarse hizo otra por si salía ¡movida!. Al intentar meter la cámara en la bolsa del manillar, éste se torció y salió "movido" hacia el suelo. Mucha suerte tuvo de que la cosa terminase así por que de no llevar casco....

La venganza planeaba sobre el grupo, en forma de tiempo de espera. Era mediodía, y hacía mucho calor. Ellas no aparecían, y estábamos desesperados, del calor y de no comer. La señalización de las carreteras desde Burgos era excelente, y

Emi y yo lo comprobamos. Digo esto último porque la excusa que dieron cuando llegaron con horas de retraso fue que se perdieron porque no encontraban el sitio. Por supuesto nadie se lo creyó, y mucho menos al ver las sonrientes caras que traían. Es más, dudamos de la preocupación que manifestaba Julio antes de que llegasen, y que creo firmemente fingida. De todos modos nadie dijo nada, y nos pusimos a buscar un sitio donde comer, pero la división de opinión continuaba puesto que algunos optaban por continuar hasta Frómista y aunque ya eran casi las tres, comer allí. Tras algún debate tenso, se decidió seguir y comer en Frómista, a 23 km. Con la frontal oposición de Bego, fueron por Camino. Calor, carreteras sin un solo coche, con inmensos trigales segados y amarillentos alrededor, y ni una persona a la vista; todos estarían durmiendo la siesta. Atravesamos el Pisuerga, bastante seco, y entre risas y sin mucho esfuerzo llegamos a Frómista, en cuya plaza del Ayuntamiento estaban las chicas. Pero para llegar hasta allá preguntamos a un buen número de peregrinos que aguardaban el paso del calor bajo unos árboles en una fuente. Ellas ya habían comido. Emi se tiró a descansar tras tomarse dos botes de refresco, mientras esperábamos la llegada del grupo. Cuando llegaron, hicimos una parodia para video de una entrevista sobre la caída de Fer. Fer seguía con una cura que le habían hecho en el dispensario de Castrojeriz. Comimos unos bocatas en un bar, y llegaron los cántabros que estaban ya siguiendo nuestros pasos. Los bocatas llegaron para hacer boca, y tras ellos, sellar. Tengo que hacer mención a otra anécdota, puesto que como recordaremos, a la salida de S. Juan de Ortega, Julio se había quedado con sus credenciales; al llegar a Burgos yo sellé las del resto, y lógicamente Julio no pudo sellar en Burgos puesto que llegaron tarde, ante lo cual Yoli se cabreó con él, y me devolvió de nuevo las credenciales. En la jornada siguiente, por la mañana, me las volvió a pedir porque yo no sellaba en todas partes, yo las iba a repartir individualmente pero el resto prefirió que las llevase yo; je, je.

Fuímos a ver la Iglesia de San Martín, joya del románico, y donde compré diapositivas para ....ya lo sabeis, no?

Estábamos en Tierra de Campos; paisajes monótonos y aburridos. Grandes llanuras, propicias para hacer grandes distancias. Fue la primera de las etapas por encima de 100 km. Por carretera se avanza rápidamente, pero sin emoción; tan solo quieres hacer kilómetros para llegar cuanto antes. Son preferibles las etapas donde hay algo nuevo que ver en cada curva.

Entramos en Carrión que estaba en fiestas con mucho ambiente. Sabíamos de antemano que era uno de los lugares donde la Junta de Castilla-León había montado zonas de acampada gratuítas. Preguntamos en la Oficina de Turismo y nos mandaron a la zona, junto al río. Mientras descendíamos una pequeña cuesta, Emi frenó en seco, y casi me la pego. Le echo la bronca, y el tío se parte de risa. Estaban ellas, que ya se habían enterado de todo. Había 8 tiendas de protección civil, con colchones para 6 personas; luego una zona de acampada libre, y barracones con duchas y servicios. Estaba limpia, y tenía manguera para la bici, botiquín. Como esperaban a bastantes peregrinos, nos pidieron que montasemos las tiendas, cosa que hicimos entre los cuatro. Como el río estaba al lado, fuímos a bañarnos o mejor dicho a congelarnos, (de hecho el agua de la ducha no tenía nada que envidiar a la de Roncesvalles). El río llevaba bastante agua y tenía una fuerte corriente, que tan solo Guti fue capaz de remontar, mientras que Belén y Jose se mantenían estáticos; el resto eran arrastrados. Al volver nos duchamos y fuímos atacados por voraces mosquitos que atacaban como si nunca hubiesen chupado sangre. El más afectado fue Emilio a quién se le deformó la cara de los hinchazones provocados por las picaduras. La del párpado le asemejaba a un boxeador al día despues de perder un combate. Los cuidadores nos dieron un ahuyentador.

Estaba tan bien montado que de noche organizaban actos conjuntos para narras las experiencias del Camino, y mostrar fotos. Nosotros, por supuesto, optamos por integrarnos en el ambiente del pueblo, y subimos a cenar allá, en una hamburguesería, pero platos calientes del peregrino. Previamente habíamos asaltado la farmacia donde compramos antihistamínicos para Emilio, ahuyentador para todos, y linitul y betadine para Fer. Tras cenar, mientras la pareja y la carabina se iban a dormir, nos quedamos tomando algo en una terraza. Al volver, y detrás de la zona de feriantes, prácticamente nos desnudamos para embadurnarnos de repelente y poder entrar con seguridad en la tienda, que cerramos a cal y canto.

En cuanto llegábamos a un sitio, nos instalábamos y después de ducharnos y si hacía el caso afeitarnos -yo cada tres días-, nos vestíamos de calle. Yo por ejemplo, llevaba un niki naranja, bermudas azules, náuticos, y una sudadera que hacía de jersey. Otros llevaban pantalones vaqueros largos. Luego invariablemente salíamos por allí hasta tarde dependiendo de la hora que cerrasen el albergue, que si era cerrado, solía ser a las once -caso del de Roncesvalles, Santo Domingo, León, Samos- ; las zonas de acampada no tenían horario, ni los camping.

Una anécdota que se me pasó fue que antes de llegar a Carrión, a la altura de Villarmentero, el Camino sale hacie la carretera, y sigue por ahí. Salieron por delante, y nos colocamos a rueda. Iban a tren; yo me coloqué de primero y tire "a muerte". Tan solo Man y otro ciclista me siguieron. Luego, lógicamente me pasaron casi todos. Íbamos un poco en plan juego. De repente llegamos a sitio confuso porque las flechas amarillas señalaban una carreterilla bajo la siguiente leyenda; "Atención Peregrino; VINO GRATIS". Nos detuvimos un rato deliberando, y finalemnte decidieron subir por ahí. Contarían despues que se encontraron con un mesón que regentaba un tal Pablo Payo, un señor mayor, entradito en años, muy ameno. Les invitó a vino, todo el que quisieran, y les contó que su mujer no quería que invitase a los peregrinos, pero él creía que la vocación del Camino era la ayuda al peregrino. Les enseñó el libro de firmas, y les comentó que era muy amigo de Fraga -de hecho me enteré que vino a la toma de posesión como presidente de la Xunta-; Jose el cántabro al ver la firma de Alfonso Guerra se lo reprochó, y él contestó que no tenía más remedio, pero que tenía otro libro, el auténtico de honor, donde les dejó firmar. Luego regaló a Belén y Sofía una vieira, con la promesa -hasta el día de hoy incumplida- de que le mandarían algunas. Algo más contentos que antes reemprendieron la marcha. Mientras Emi y yo por carretera ayudábamos a un pobre ciclista con problemas en sus alforjas. McGyver aportó cierta solución.

Yo dormía con tapones, pero esa mañana no lograron evitar que me despertasen unos curiosos chillidos, que no sabíamos de donde procedían. Mientras pensaba si salir del saco, intentaba averiguar su origen o procedencia. Parecían sonidos de animales, como cerdos a punto de degollarlos. Pero no uno ni dos, sino que se oían un par de chillidos, y luego un silencio hasta oír otro. Parecía una especie de tortura. Comprobamos con cierto horror que correspondían realmente a eso. Todo el campamento despertó con el "agradable" sonido. Fue casi una hora oyéndolos gritar en el matadero pegado a la base.

Tras embadurnarnos convenientemente en la tienda, salimos y comenzamos a desmontar las tiendas, y a meter todo el equipaje en el coche, como todos los días, misión harta complicada pero en la que adquiríamos más práctica todos los días. Eramos 10 personas, con una mochila como mínimo, un saco, una esterilla, tres tiendas iglú, y la ropa "corta" de las chicas, que parecía una boutique. El Ibiza iba hasta los topes.

Tras hacerle una cura a Fer aprovechando el botiquín de la base, cubrir una encuesta, subimos al pueblo para desayunar, pero al salir del puente, nos interrumpió una multitud que invadía toda la calzada, obligando a varios coches a ir a paso lento, y a nosotros a desmontar y esperar pacientemente a que terminase su paso. Al frente de la "manifestación" iba un hombro tosco que las conducía con paso firme, mientras efectivos guardianes controlaban que ninguna se descontrolasen dando ladridos de orden para que ninguna oveja escapase del rebaño; eso eran oveja de un gran rebaño. Las cámaras las inmortalizaron.

Ya en el pueblo, otra disputa, esta vez un poco por mi obstinación bien conocida, y debo decir que en este caso, un poco tonta. El caso fue que encontramos una cafetería, pero tan solo les quedaban "sobaos pasiegos" y magdalenas. A Julio no le pareció suficiente y propuso ir a una panaderia cercana a comprar algo de bollería y tomarlas con el café en la cafetería. A mi no me parecía demasiado bien el hecho de ser tan sibaritas, aunque yo soy tan sibarita como el que más, pero sobre todo tenía ganas de enfrertarme a Julio. Pero esta vez perdí, puesto que todos, con más raciocinio que yo fueron a tomar unos deliciosos bollos, mientras yo me tomaba unos deliciosos pasiegos.

Antes de coger "carretera" paramos en Correos a comprar sellos, y empezar la etapa más demoledora para algunos.

Sin duda es la peor etapa de las que pase, pues muchas veces es peor el cansancio psíquico que físico. La Tierra de Campos es una extensión de la meseta donde todo es planicie, sin prácticamente un otero. En un día despejado, a la derecha se puede ver en la lejanía la Cordillera Cantábrica, pero nada más por ninguna otra parte. Hacia atrás quedan las torres de Carrión, mientras hacia delante tan solo asfalto en líneas casi rectas, con alguna curva por capricho del ingeniero. Pocas zonas boscosas y en una de ellas, me detengo a satisfacer ciertas necesidades. Es una zona para rodar, para hacer kilómetros rápidamente y donde echamos de menos el no tener bicis de carreras, pues las de montaña son demasiado pesadas y con ruedas muy anchas para carretera.

Para entrar en Sahagún, hay que abandonar la carretera nacional que la circunvala; de una pista lateral salía un tractor que no respetó nuestra preferencia. Yo protesté ligeramente y el tío aceleró para alcanzarme.... y me piqué, y

poniéndome de pie y metiendo desarrollos me puse en spring....
y le gané. Fue un gran triunfo.

Habíamos decidido qué al ser la etapa más larga, no nos
veríamos hasta Mansilla de las Mulas a la hora de comer tras 80
km., y por tanto no vimos a nadie en Sahagún. Fuímos
directamente al convento benedictino donde sellamos. Hasta ese
momento, Emilio rodara bien, dando relevos, y a una media alta.
Pero en esa parada ya me comentó que iba un poco mal de
fuerzas. El calor se hacía cada vez más intenso, y eso minaba
fuerzas. Se tomó unas galletas para coger más energía. Salimos
por debajo de un arco del convento, y tras acceder por unas
reviradas curvas de nuevo a la N-120, seguimos por la
"carretera del Camino".

Rebasado el mediodía, el Sol era fuerte, lo que motivaba
una mayor perdida de agua. Por delante quedaban algo menos de
40 km. pero por Camino, mientras la carretera daba una enorme
vuelta -cerca de 20 km-. A medida que avanzábamos, Emilio se
quedaba literalmente pegado a la carretera, bajando poco apoco
su ritmo y pidiendo hacer paradas en cuanto la cuesta se
empinaba ligeramente. Lo estaba pasando mal; iba ahogado, sin
fuerzas en las piernas que se veían tensas por el esfuerzo y el
cansancio acumulado. Para más desgracia, no contábamos con el
rodeo que teníamos que dar, y desde que nuestros cuentas
rebasaron la distancia prevista, la mente comenzaba a pasar
factura. Emilio estaba roto. La monotonía de la carretera, el

calor, y la neblina ahogante -preludio de lluvias y frío-
colaboraban en la mella.

Paramos en un bar de carretera, donde devoramos unas tapas
de tortilla, y Emi unas cuantas bebidas. Estuvimos algo más de
media hora, hasta que decidió seguir. Nos dijeron que quedaban
unos 20 km., que hicimos a una media de 13-15 km/h. en zona
llana. Ni siquiera en las grandes etapas del Tour por tv. he
visto sufrir a nadie tanto como Emi en esos 20 km. No podía
avanzar. Sus piernas agarrotadas, boca abierta, poniéndose de
pie en cualquier leve inclinación del terreno, bebiendo agua
constantemente, sudándolo todo...parando cada poco. Yo iba
frenándome para no pasarlo. Físicamente estaba destrozado; tan
solo su mente luchadora lo empujaba hacia delante. Toda su
voluntad consistía en no dejar de pedalear, pues si lo hacía
corría el riesgo de no poder continuar.... y alguna vez paró,
pero montaba con fé y vuelta a darle a sus insensibles piernas.

Yo lo pasé francamente mal también, pues no podía mantener
mi ritmo, y no podía dejarlo tirado allí, era evidente. Me lo
tomé con calma, intentando apoyarlo. Me costó mucho. Fueron
unos kilómetros eternos. Pero lo conseguimos.

Por fin llegamos a aquel pueblo de nombre castellano que
llevábamos tanto tiempo viendo en la lejanía y en la mente.
Entramos y fuimos directos al Ayuntamiento, donde nos esperaban
ya las chicas, pero sin viandas, ante lo cual Emi fue a una

tienda a por bebida, y se tiró sobre una banco. Lo peor había pasado y era hora de descanso.

Cuando llegaron, Julio llegó con distancia de unos cuantos segundos presumiendo de que los había dejado atrás en una cuesta, dando a entender su fortaleza. Como yo no me lo creía, más tarde pregunté y me contestaron que cuando estaban llegando, se lanzó hacia delante y lo dejaron ir. En fin.... Compramos comida -fruta y yogures- en la tienda, pero yo no tenía hambre. Por cierto, en la fuente del pueblo donde estábamos el agua tenía un color sospechoso, y revoloteaban varias abispas a su alrededor. Luego apareció un coche tipo Morgan, y Julio le pidió permiso al dueño para que montase Bego y sacarle fotos.

Fer y los donostiarras querían ir a un río a pegarse un chapuzón, mientras que Emi y yo queríamos llegar cuanto antes, cosa que agradecieron las chicas, que estaban llegando a su capacidad de aguante. Julio también decidió continuar cuanto antes, pero por Camino. Así pues, cada uno por su parte. Como eran 16 km. y el calor había menguado algo, Emi ya más repuesto, no tuvo problemas para llegar a un ritmo suave, pero estaba terriblemente cansado.

Entramos por León por sus grandes avenidas, y tras sacar más dinerito -quien dice que hacer el Camino es barato-, alcanzamos la Plaza de Santo Domingo donde está el Palacio Gaudí. Luego, gracias a mi nunca agradecida pericia para perderme en ciudades que creo conocer medianamente y en realidad conozco francamente mal, nos metimos por unas callejuelas próximas al mercado, para retornar por nuestros propios pasos, y recuperado el "sentidiño" llegar en dos patadas a la Catedral, donde estaban las hastiadas señoritas, enteradas de todos los pormenores del albergue. LLegó Julio casi al mismo tiempo, y entramos a la Catedral. Que respiro estar en un sitio fresco, con una música suave y acogedora.

Decidieron irse al albergue, mientras yo me quedaba esperando la llegada de los demás. Esperé un buen rato, mientras se encontraban todos, o se iban al albergue, y venían a la cita en la Catedral Iñaki, Angel y Jose. Se tomaron algo conmigo en la terraza, y entramos por parejas en la Catedral. Un buen rato más tarde, Fer vino semienfadado a tirarnos de las orejas, puesto que necesitaban las credenciales que yo llevaba para poder entrar en el albergue. Bajamos todos ya al albergue donde estaba el resto. Sin duda fue el mejor albergue, tanto por sitio como por organización. Camas para todos, sitio cerrado con llave para las bicis, baños amplios, duchas varias. Era municipal. Que aprendan otros.

Precisamente en León corrían rumores sobre una banda organizada que había robado varias decenas de bicis para llevarlas a la Costa del Sol. Volvimos de nuevo a la primera costumbre de candar todo cuanto podía ser llevado, aunque fuera por partes, pese a estar en habitación cerrada.

Nos instalamos no sin cierta discusión en nuestro grupo -ese nombre ya lo reservo para los 7- sobre quién dormiría con Julio y las chicas, puesto que Fer dejó claro que no sería él quién lo hiciese. Finalmente Angel e Iñaki se fueron para allá, al ver que tanto Jose como yo nos metíamos rápidamente en la habitación libre, y Emi ya se había tirado en una cama.

Esa noche tendría lugar la escisión casi definitiva. Angel, Iñaki y Fer tenían una compañera de hospital leonesa y que se hallaba en la ciudad, e iban a llamarla para cenar con ella; mientras ellos decidían ir a cenar casi sin acordarse de nosotros y de hecho dijeron que ellos iban a cenar, que si queríamos que los acompañásemos, pero era algo que iban a hacer con nosotros o sin nosotros, sin discusión.

Mientras nos duchábamos, tratábamos de convencer a Emi que lo mejor era que lo llevasen en coche hasta Astorga, donde comeríamos al día siguiente, y luego si estaba con fuerzas, ya seguiría con nosotros. No había forma de que aceptase, y yo lo intenté presionar aún más diciéndole que yo iría por Camino, pero decidió posponerlo hasta el día siguiente. Eso sí, se quedó durmiendo en la habitación, cenando algo ligero.

Salimos y subimos hacia la Catedral desde donde llamamos a la chica que no tardó ni cinco minutos en aparecer. Nos llevó por la zona de vinos, bastante concurrida, dado que era viernes. Luego cenamos unas pizzas en un sotano de una pizzeria rápida tras intentar sin éxito ir a otras dos. Café luego, y bajada precipitada al albergue, puesto que cerraban temprano. Llegamos corriendo y con un ligero "orballo" cayendo, consecuencia de la niebla y el bochorno de la tarde. Fue el primer contacto con el tiempo que tendríamos a partir de ese día.

Como estábamos francamente cansados, dormimos plácidamente y de un tirón. Posteriormente nos enteramos de una leve anécdota. Durante la noche, Iñaki se levantó al servicio y se olvidó de dejar la puerta sin cerrar. Primero no encontraba la puerta adecuada. Luego, como no tenían picaporte, quedó totalmente cerrada y no quería molestar a quién tenía la llave -el vigilante- por lo que se puso a llamar suavemente para que se despertase Angel y le abriese. Pero se levantó Julio con cara de pocos amigos, y le echó una pequeña reprimenda.

Queríamos aprovechar la única cama de todo el Camino, pero también debíamos salir temprano pues nos esperaba una subida bastante dura, y una etapa larga. Pero fue una noche muy reparadora. Mientras nos levantábamos charlábamos con unos niños de Ourense que se habían incorporado el día anterior a la ruta en bici. Era una APA de un colegio. Tras el trabajo del día- meter los bártulos en el coche- planíficabamos la etapa que en principio nos vería comer en Astorga y dormir en Rabanal del Camino, a media subida de Foncebadón, en plena Maragatería.

La más que agradable sorpresa nos la dió Emi que se hallaba casi totalmente recuperado de su "pájara" del día anterior, y se mostraba dispuesto a seguir encima de la burra. Cada vez nos sorprendía más. Por lo tanto nuestro intento de que hiciese la ruta en coche quedó en el olvido, y dejamos atrás nuestras presiones para que hiciese un paréntesis en su marcha. Pese a todo yo no estaba muy convencido de que no le sucediese lo del día anterior....y afortunadamente mis temores no tendrían fundamento; no solo aguantó toda la jornada, dura, sino los posteriores días los llevó con gran alegría.

Desayunamos al lado de la Catedral, unos churros, unos zumos, unos bollos, mermeladas, café con leche.....tomando eso ahora no cabríamos por las puertas. Llegaron las chicas, también comieron. Asaltamos una tienda de recuerdos, e iniciamos la colección de insignias -pins- del Camino, y compramos postales para mandarles a Loli y Ana, Maite, Meri, y también a las chicas del laboratorio Esther,Chus y Chus, y por supuesto a Caro. Ahí fue donde descubrieron que yo mandaba ciertas postales, puesto que el curioso de Fer miró todas, y vió una sospechosa. La gracia del asunto es que yo firmaba siempre como 2266, que no es otra cosa sino la fecha de nacimiento, 02-02-66, y que intrigó a Jose y a Asun, que buscando y rebuscando significados llegaron a la conclusión postrera de que significaba "te quiero" puesto que sería una palabra de dos letras y otra de seis. En fin, imagino que ellos tendrán sus códigos.....je, je. El caso es que desde ese momento sufrí un puteo constante, que se agrandó con la colaboración de los cántabros y que duró hasta el día que nos despedimos de ellos...y tengo que reconocer que a mi me encantaba; a fin de cuentas no me la sacaba de la cabeza. Ahora vendría cierta confesión personal, pero esto lo verá mucha gente, o sea que .....

Se empeñaron en hacer casi una película, y dando la vuelta de honor a la plaza delantera de la Catedral, pasamos en plan triunfal ante la cámara, menos Jose, que prefería no prestarse al juego. Enfilamos la carretera de Astorga, pasamos la entrada de la autopista de Asturias -Galicia es la única Comunidad peninsular que no tiene ninguna via rápida que salga de ella-, y a los pocos metros nos metíamos por Camino. Yo tenía decidido ir a partir de allí todo por Camino, sobre todo las etapas gallegas, que no me las perdería por nada...al menos eso pensaba yo. Emilio siguió por carretera.

Tragando polvo otra vez, ya hacía calor aunque bastante menos que en jornadas anteriores, y evitando el asfalto si se podía, llegamos a Hospital de Órbigo, famosa por una gesta que tuvo lugar en su largo puente, empedrado, y que tras atravesar el pueblo nos ponía en la disyuntiva de o bien ir por el trecho mejor y más corto, pero que salía a la carretera, o bien ir por otro mal conservado, más largo, pero que todo por tierra llegaba a Astorga. ¿A que no sabeis por donde fuímos?

El Camino se empinaba, y yo veía claramente mis limitaciones puesto que en cuanto había dificultades, yo las pasaba peor que mis compañeros. Incluso Fer me esperaba para darme ánimos, pero en mi seguía pesando la sensación de que los frenaba. Con todo, llegamos a una zona llana, al término de la cual un crucero daba paso a una fuerte y rocosa bajada, seguida de un valle y en la siguiente colina, perfectamente nítida...Astorga. Se sufre, pero vale la pena para ver las cosas bonitas que se ven **SOLO** por Camino. Fotos de rigor, descanso -era el crucero de Santo Toribio- y bajada divertida, donde me dejan atras, caminos de tierra, adelantamientos y llegada a la falda de la colina, donde como no, hay que subir a lo más alto para llegar a la Catedral. Gajes del oficio.

Parada prevista en la Catedral de la Maragatería, donde Emilio ya nos esperaba, y donde por primera vez no comerían con nosotros las chicas que hoy se tomaban el día libre. visto ahora, está claro que ya estaban hasta la coronilla, y que se iniciaba el principio del fin (cuantas veces he empleado ya la frasecita).

Mientras yo sellaba, Emi compraba una camiseta, y Julio otra, Man se tiraba en unas escaleras y se quedaba totalmente grogui; algunos otros compraban comida en un super, y en parquecito enfrente al Palacio de Gaudí, tomábamos unos buenos bocatas, con abundante fruta y yogur, y tras ello nos tiramos en la hierba, no sin antes comprobar como Angel le hacía una dura competencia en el dormir a un lugareño, sentados ambos en un banco. Al Sol se estaba muy bien, pero si te ponías en zona sombría, refrescabas demasiado. El descanso vino bien, pese a no ser abundante. Teníamos que iniciar la subida al techo del Camino Francés, Foncebadón y la Cruz de Ferro, y había dos opciones; parar en la mitad, en Rabanal del Camino, pueblo pequeño pero con refugio, o bien continuar la ascensión y hacer toda la bajada hasta Molinaseca, donde había una zona de acampada de la Junta.

Salíamos ya de Astorga, no sin antes para a repostar agua en los labavos de un bar y ocupar el WC durante unos cuantos minutos, y pronto nos separamos, puesto que el Camino cogía un rumbo diferente, aunque sólo por unos cuantos cientos de metros. Sirvió para comprobar quién mandaba en la carrera; en cuanto se empinaba, si era carretera, Jose "Rominger" tomaba el mando, cediéndolo tan solo cuando el ascenso era en Camino que entonces Manancho "Indurain" se colocoba en primera posición. El resto intentábamos seguir a nuestros campeones. Pese a subir por carretera, estas son desiertas, atravesando la Maragatería; a Julio y a mi enseguida nos dejaron atrás, lo que molestó sobre manera a Julio, que intentaba sin éxito seguirlos, con lo cual, la no muy dura subida a Rabanal la hicimos en amor y compañía. Rabanal es un pueblo perdido de la montaña, con calles sin asfaltar, y que en invierno debe quedar totalmente vacío -o casi- Es un pueblo anclado en el pasado, con casas derribadas por el paso del tiempo, y grupos de viejos.

Bajo un árbol junto al refugio estaban tirados Angel, Iñaki y Man. Jose, siguiendo una costumbre que ya lo había hecho popular, estaba en posición horizontal. Cada vez que llegaba a un sitio, se colocaba en dicha posición, pasando ampliamente de los puteos y de nosotros -fotos hay para comprobarlo-. Parecía ser su estado natural. Fer estaba hablando con un paisano muy animadamente, y así estuvo como un cuarto de hora, y luego nos vino diciendo cosas del pueblo bla,bla..... En la entrada del refugio había tres peregrinas "xeitosas" que estaban hablando entre ellas catalán. En este cuadro que me encontré en cuanto me tiré al lado del árbol, se entabló entre nosotros una conversación; la pena fue no grabarla puesto que nos estuvimos partiendo de risa un buen rato, cachondeándonos de las catalanas de buen ver, de Jose y su horizontalidad y de Fer y su charlatanería.

Quedáramos en dicho pueblo en esperar a Emilio para saber como iba, pues si venìa fuerte y pensaba que podía ascender a la cumbre seguiríamos. También era el primer sitio de reunión con las chicas, pero bastante más tarde, y de hecho las habíamos advertido que si no estábamos que siguieran al siguiente pueblo con zona de acampada, Molinaseca.

Todavía no hacía mucho frío, y como subíamos teníamos más calor que otra cosa.

Esperamos poco, y llegó Emilio que venía tan entero que fue él que nos animó a continuar. Nos decidimos. Estaba bien entrada la tarde, y teníamos aún que subir la zona más dura en un total de 8,4 km, y luego otros 15 de bajada. La decisión fue rápida; fui a sellar y todos a repostar agua, aunque esta vez no llenamos los bidones para no aumentar peso. Los encargados del albergue, voluntarios, eran extranjeros sin mucho dominio de la lengua nativa. Intenté conocer como era de dura la pendiente hasta la cumbre, y cuanto faltaba para la Cruz de Ferro. Me dijo que la Cruz estaba al lado de Foncebadón.

Entró otro peregrino y le preguntó si el agua de la fuente del interior del refugio era potable; él asintió. El sediento peregrino bebió y se fue, momento en el cual el cuidador miró a su compañero, extranjero como él, y con cara de duda, haciendo un gesto de incomprensión le preguntó: ¿potable?. Ni idea tenía de lo que significaba esa palabra.

Salimos del pueblo por camino, y en ligera cuesta con lo que se distanciaron ligeramente. Emilio iba a su ritmo por carretera. Yo me estaba quedando ya un poco distanciado cuando Julio, que iba justo delante de mi, paró y dió media vuelta. Se había olvidado el casco en Rabanal. Yo seguí; ni se me planteó esperar, teniendo en cuenta que todos pensábamos que lo mejor era subir cada uno a su ritmo. Metros más adelante estaba parado Fer, que con mucho "sufrimiento" se había quedado a esperarle. Lo pasé. Del resto ya ni rastro. A nadie se le ocurrió pararse a esperar. Aún hoy no se si sería lógico, pero estoy seguro que si hubiese sido otro, alguno más se quedaría. Metros más adelante la carretera aparece y no se abandona hasta la cumbre. Hasta ese momento habíamos subido 300 m. en 20 km.; subiríamos ahora lo algo más en 6 km.

Un sobrepeso llevábamos en nuestras mochilas. Existe la tradición de que los peregrinos dejen en la Cruz de Ferro una piedra que traen en teoría de su lugar de origen, y así se amontonan al pie de la Cruz. Nosotros, fieles a nuestro esquema de peregrinos modernos, cogimos la piedra en Rabanal, y por supuesto nadie se excedió en el tamaño; cabía cada una en una mano.

Los tenía por delante, siempre a la vista, pero cada vez más inalcanzable. Pasé a Emilio, quién subía bien a su ritmo, lento pero constante y sin acusar excesivamente el esfuerzo. No me quedé con él. Sabía que tenía que subir como yo pudiera. Tras una curva, mientras los de delante se alejaban cada vez más, una saeta roja venía por detrás, a unos pocos metros. Venía echando pestes. Era Fer, que subía cegado por la rabia porque el resto de los "líderes" no lo habían esperado. Subió a tren toda la montaña, picado en su amor propio, y logró coger a Iñaki...pero los demás llegaron antes en esa peculiar carrera de subida. Man llegó primero, Jose detrás, seguidos por Angel y Fer y luego Iñaki.

Lo que estaba claro es que había dos grupos claros, y el segundo con muy diferentes caracteres ciclistas. En ese segundo grupo estábamos Julio, Emi y yo. Una vez que Fer me dejó atrás tras un breve diálogo para preguntarme si le llevaban mucho trecho los otros y llamarlas algo más fuerte que cabrones, yo miraba para atrás para ver si Julio llevaba también un ritmo fuerte. Lo vi un par de veces bastante más atrás, y como cada cual se enfrenta a los de su nivel, me tranquilizó. Realmente me hubiese jorobado bastante que me hubiera pasado, no solo por motivo deportivo, sino de orgullo, tonto orgullo, y un poco de venganza sana, por derrotar en la carretera a ese especimen. Me centré única y exclusivamente en la pendiente que seguía a cada curva, que a veces se empinaba demasiado, para dar en la siguiente un poco de respiro, y vuelta a subir....

Así, poco a poco, hasta llegar a la altura de Foncebadón, una aldea casi abandonada. Yo iba bastante cansado por el esfuerzo, y me costaba cada vez más subir las cuestas. Mi pensamiento se centraba en llegar a la Cruz de Ferro, y allí, consciente de la ventaja que sacaba a Julio y Emi, poder descansar, y parar de pedalear. Pero ante todo tenía que llegar. Tan atento iba tratando de ver la Cruz, que ni me enteré de un desvío para coger un trecho de tierra que atravesaba Foncebadón, y seguí por la carretera, que daba una mayor vuelta -el camino según comentaron despues, tenía una muy dura pendiente-. Mi cabeza empezaba un poco a fallar. Estaba programada para ver la Cruz justo al lado del pueblo, como me había dicho el del refugio, pero no aparecía. Seguía ascendiendo, cada vez con más esfuerzo. Pensaba que me habría equivocado de carretera en algún momento. Creía firmemente en el chico del refugio, y no ver la meta era ciertamente inquietante. Una variante de la carretera, y el único consuelo de ver coches subiendo con matrícula de Madrid. Metiendo plato pequeño en asfalto, la única vez en todo el Camino, subí las últimas -sin yo saberlo- cuestas, pensando en que si al final de aquellas rampas que veía, no aparecía la cruz, me bajaba de la bici. Como el Señor aprieta pero no ahoga, tras la mencionada cuesta, venía una zona de ligerísimo descenso, seguí encima de la bici, y al dar la segunda curva, apareció por fin la Cruz, todavía a casi un kilómetro, pero todo ya de débil cuesta abajo. Aún así me acordé del "indocumentado" del refugio, pero descendí alegre.

Estaban ya allí los líderes, muriéndose de frío puesto que el cielo estaba totalmente cubierto y estábamos a más de 1.400 metros. Comenzáramos la etapa a pleno Sol, y ahora corría un viento helado, que se acentuaba con lo sudados que estábamos. Tan solo dos chicos previsores tenían prendas de algún abrigo, Jose y Emilio, puesto que el resto estábamos en camiseta. De golpe pasamos del seco calor castellano al frío gallego, sin posibilidad de prepararnos. Pegando saltos -por el frío-, vimos en la más lejana curva a Julio. Hubo risas sobre su fachendosa potencia que se demostraba en su tardanza. Pero lo mejor fue la cara que se nos quedó cuando al llegar a la Cruz, no solo ni saludó, sino que siguió camino empezando a bajar la cuesta, desapareciendo rápidamente. Nadie miró la cara de otro, pero debían ser de auténticos idiotas. Repuestos del "shock", y dado nuestro estado de ánimo, es fácil imaginar los comentarios que nuestros "lobos interiores" dijeron. Tan solo la voz de Fer, sensata, pedía un tiempo de espera antes de devorar la presa. Creíamos y estoy convencido de que es cierto, que le había sentado como un patada que nadie le esperase cuando tuvo que volver a Rabanal.

Entre tanto llegó Emilio, cansado, pero lo había conseguido. Como hacía mucho frío estábamos quedándonos helados, y Fer ya se había acercado a un grupo de excursionistas para pedirles periódicos con los que resguardarnos un poco en la bajada. En esto que de la parte contraria a la subida, volvía a aparecer Julio, y esta vez si paró, dejó su bici en el suelo, y saludó como si nada. Alguién lanzó la rápida pregunta que todos queríamos hacer, de porqué había seguido y respondió que no quería parar de golpe tras la ascensión, pero lo mejor vino despues cuando aseguró que apenas le había costado esfuerzo el subir, y que si vino despacio fue porque al pasar a Emilio no vió motivos para ir mucho más deprisa. Creo que muchas voces de peregrinos rieron abiertamente junto a nuestras sonrisas ocultas.

Como ya estábamos todos, hicimos las fotos de rigor y salimos de allí en cuanto pudimos, intentando que los periódicos hiciesen algo de función, porque entre la leve mojadura del sudor y el frío que hacía la bajada podía ser brutal. Yo me fui enseguida para abajo, seguido de Julio, mientras los demás se hacían un poco más remolones. La primera bajada era de fuerte pendiente, y el frío traspasaba todo. Casi iba tiritando. Tras una zona llana que recorre la cumbre, hay una antena en lo alto del monte; bajamos de nuevo, y pensamos que ya todo será bajar, pero nuestra sorpresa llega cuando de golpe, aparece una durísima rampa que obliga a meter todas las facilidades del cambio; a duras penas consigo subirla encima de la bici, sobretodo porque hay un momento que me quedo sin potencia, pero lo supero. Creo que Emi tuvo que bajarse, pero no lo puedo afirmar. Jose Romay, que nos había adelantado al inicio de dicha rampa, nos espera en la cumbre más alta del Camino francés, a 1517 metros de altitud para alegrarnos con una estupenda noticia.....que las chicas acababan de llegar, y estaban surtiendo de ropa de abrigo a todos. Que alivio. Al poco rato, llegaron a nuestra altura y nos lanzamos Julio y yo a coger los chubasqueros el de Julio llenito de anagramas del PP-. Aparecieron los demás, que siguieron adelante sin detenerse, y reemprendimos la marcha serpenteando por las cumbres,llaneando, hasta llegar a un mirador natural, una explanada desde la cual se contemplaba una espectacular pero triste visión. Días antes nos enteramos que estaban desviando a los peregrinos, por el Manzanal, no dejándolos atravesar Foncebadón por un enorme incendio que asolaba dichos montes. Era peor de lo esperado. Ver cumbres y laderas de varios montes, todos los que la vista alcanzaba, quemados, arrasados. Cierto que todo era monte bajo, pero de ver alguna zona de la subida verde, a ver todo aquello negro....una pena.

El mirador era una explanada con una suave caída hacia un barranco, donde Man y Fer me gastaron una pequeña broma. Se acercaron con sus bicis al borde, donde se iniciaba la caída, y dijeron: ¡Venga vamos! Yo los miré entre sorpresa e incredulidad y con bastante asombro y saliéndome de dentro respondí: ¿Por ahí? ¡Estais locos! La carcajada fue grande, y afortunadamente era una broma, pero conociéndolos cualquiera se fiaba. Tras ser inmortalizados en fotos y video, seguimos.

Comenzaba, ahora sí, el descenso hacia MOlinaseca. Pronto se vió quienes eran los más decididos a la hora de bajar. Las 2 primeras curvas eran bastante cerradas, pero seguidas de pendientes fuertes. Casi todos se distanciaron. Yo me quedé en cola aunque a corta distancia. Algún coche que bajaba, tenía que aprovechar una recta algo larga para adelantar pues sino le resultaba imposible casi seguirnos. Llegó la primera "caída" y en un instante, nos colocamos a cerca de 70 por hora según marcaron todos los "cuenta", ante lo cual, y cuando llegó la primera curva, yo estaba bastante "acojonado" y decidí reducir la marcha. Iñaki también decidiera bajar algo más despacio, y así lo hicimos en amor y compañía. Él tenía algún problema con la vista y no quería ir demasiado deprisa. Las curvas eran cerradísimas y en muchas de ellas teníamos que emplear los frenos a fondo puesto entre la fuerte pendiente y el escaso radio, corríamos el riesgo de salirnos. En las zonas donde coincidían dos laderas, podíamos seguir las evoluciones del resto, bajando a todo tren. Emilio adelantó a un coche, y Fer calculó mal una curva sin visibilidad, y su trazada fue por el carril contrario. Sin darnos cuenta, y casi teniendo que frenar, estábamos en Molinaseca. Pese a todos los "peros" fue divertidísimo hacer aquella bajada, tanto que daban ganas de volver a subir para poder bajar de nuevo -es broma-. Fueron muchos kilómetro deliciosos, porque además es una larga bajada. Hasta el frío quedó un poco olvidado ante la alegre bajada, sino fuera porque los dedos que venían al descubierto, lo notaban todo y estaban un poco agarrotados.

En un puentecillo a la entrada del pueblo, estaban todos quitándose ya los chubasqueros, puesto que la temperatura era bastante más agradable. Incluso había gente dandose chapuzones en el río que atraviesa el pueblo y que está represado formado una playa fluvial con cesped rodeándola. El pueblo es precioso, con ese pequeño lago artificial, con casitas bajas de piedras, unas hermosas torres de iglesia, y todo rodeado por altas montañas, en otra época verdes -hasta aquí había llegado el incendio-. Hay casas señoriales -nos enteraríamos luego que el pueblo más rico de El Bierzo-, y se notaba en el cuidado que tenían en conservar toda su tradicional estructura. Además, se podía decir que teoricamente habíamos llegado a Galicia, pues quién duda que el Bierzo no es gallego.

Preguntamos donde estaba la zona de acampada, y allí nos dirigimos. Estaba como a un km. del pueblo. Estaba medio vacía, y aunque finalmente casi se llenó, fue la más vacía de cuantas zonas similares vimos. Nos instalamos como siempre, los 7 en una tienda, y ellos 3 en otra. Coincidimos con las chicas burgalesas y sus acompañantes, y con los cuatro donostiarras que hacían también nuestras etapas. Tras ducharnos y arreglarnos, y despues de recibir una lección teorico-práctica de mecánica "biciclil" por parte de Emilio "McGyver", llegó enseguida el oscurecer.

Decidimos subir al pueblo en bici. Estaba en fiestas, y nos habían recomendado para cenar un lugar donde daban un menú del peregrino a bastante buen precio. Preguntando y metiéndonos por sitio extraños conseguimos llegar. Dejamos las bicis un poco abandonadas, aunque bien candadas y haciendo montón. El sitio era una especie de bodega restaurada, con una entrada decorada con muebles señoriales y de época. Sinceramente pensé que sería caro, puesto que pensaba que a semejanza de las capitales, donde tras hacer la reforma, colocan un restaurante de lujo. Las mesas eran gigantescas, corridas, y se sentaban diferentes grupos en cada una. Como buenos peregrinos, además del menú pedimos unos entrantes a base de productos de la zona, como sus renombrados pimientos, regados como no por las frescas y abundantes claras. El cansancio era la nota dominante, mientras el local se llenaba con la gente del pueblo.

Los pimientos, las claras y el pan no se hicieron esperar, y tampoco fue mucha el tiempo que tardaron en desaparecer. Las camareras no existían, siendo sustituídas por jovencitas que no tenían mucho salero sirviendo. El primer plato se retrasó bastante, pero lo pero fue con el segundo, puesto que tardaron mucho, muchísimo. Ante la tardanza, protestamos. Incluso unos señores que se sentaron a mi lado cenaron antes de que a nosotros nos trajesen el segundo.

Como nuestras protestas iban en aumento, vino el que suponíamos era el encargado, un tipo simpático. Los señores que estaban a mi lado, mientras yo esperaba la cena, me contaron la historia de la familia Rojo, propietarios del local, de la casa donde estaba, y de un buen pellizco de Molinaseca. El "patriarca" era ingeniero y había diseñado la central térmica de Compostilla, en Ponferrada, y luego, con el dinero que ganó, montó una fábrica de embutidos que daba trabajo y riqueza a todo Molinaseca. Tuvo 7 u 8 hijos de los cuales los más conocidos eran dos peridistas; uno Alfonso Rojo, corresponsal de "El Mundo", que fue el único periodista extranjero que permaneció en Bagdad en la guerra del golfo. El que nos atendió era David, corresponsal en Moscú. El tal David, que en principio me pareció un poco fantasma, puesto que presumía, sin nosotros saber nada de su vida, de haber hecho la crónica del periódico sobre el incendio. Resultó ser un tipo normal, algo desabituado al nivel de vida español. Entre ir de mesa en mesa, tuvo tiempo para contarnos el desbarajuste que allí reinaba cada vez más. Toda la gente que allí trabajaba era familia próxima. Las chicas que atendían eran sus sobrinas, y en la cocina estaban otra hermana. Resulta que todos los veranos, los hermanos en la diáspora deciden hacer algo para poder reunirse, y este año al ser Año Santo, decidieron montar un restaurante, para lo cual adecentaron la bodega de la casa señorial. También decidieron que, como su objetivo no era ganar dinero, cobrar a precios populares, para lo cual todos trabajarían allí por turnos. En esta temporada le tocaba a David, quién estaba pasando sus vacaciones en España. David intentaba poner un poco de orden, e incluso a alguna sobrina que protestaba la mandó castigada arriba. El pobre se veía un tanto desbordado y agobiado por el problema, pues tenía que atender todo; ir a la cocina, atender a la gente.... Entre salto y salto, nos contó alguna cosas de sus estancias en Moscú, y que estaba deseando irse, pues estaban hartos, tanto él como su novia, una moscovita rubia de ojos azules que nos presentó luego, de las dos semanitas que se tenían que hacer cargo de todo el tinglado. Pero estaban contentos con estas ideas.

Lo mejos llegó a la hora de pagar. Por la tardanza nos descontó el primer plato que habíamos tomado, y con las cerveza llegamos a un acuerdo sobre el precio, o mejor dicho, llegó él a un acuerdo a la baja sobre el precio. Las cervezas -Heineken de bote- no sabía a que precio cobrarlas, y nos decía: Os las cobro a 100 ptas., pero si os parece caro ...es que yo al estar en Moscú no se cuanto se cobra aquí, pero si os parece caro lo bajamos. No tengo ni idea.

Fijado el precio, con el total pasó lo mismo y se aseguró varias veces de que no nos pareciera caro, y "amenazaba" con rebajarlo.

Como todos estábamos muy cansados -Angel y Emilio protagonizaron la tierna nota de la cena al quedarse dormidos alguna que otra vez, incluso a duo, sobre el plato- nos fuimos directamente para las tiendas. La etapa del día siguiente era corta, y por tanto decidimos levantarnos algo más tarde y dormir un poco más, algo que ya nos estaba haciendo buena falta.

Nos levantamos tarde y con calma, lo mismo que todo el mundo. Nadie quería intentar la subida de Pedrafita, tras 50 km. y por tanto el día, domingo, sería tranquilo. Como Molinaseca no tiene demasiada hostelería, nos dirijimos, tras comprobarlo, a Ponferrada. Cogimos el camino y tras unos cuantos metros, pocos, entramos en la carretera para hacer por ella los restantes 6 km hasta entrar en la antigua "Pons Ferrata".

Recorriendo las calles paramos en una cafetería cercana a la Iglesia más importante para desayunar. Si en León la nota habían sido los churros, aquí fueron los zumos y la bollería, puesta que la cafetería en cuestión también era panadería....y nos hinchamos. Al final también se unieron las chicas, que se sentaron con Julio en una mesa separada.

Como era domingo, Fer y Man querían ir a Misa, mientras que nadie del resto tenían el mismo gusto. Al lado mismo de la Basílica de la Encina estaba la Oficina de Turismo, aunque más bien parecía una tienda; todo estaba en venta, desde insignias hasta credenciales oficiales -como la que le vendió a Romay el cura de S. Juan- pasando por vieiras, camisetas.... Sellamos y compramos "pines". Julio compró para él y su mujer dos credenciales pues según dijo, quería poner en un cuadro las credenciales por ambas caras y colgarlo en una pared junto a la Compostelana. Sin comentarios.

Mientras hacíamos tiempo hasta la hora del inicio de la Misa, fuímos al castillo de lo Templarios, en ruinas, -para que tenemos el Patrimonio Nacional- donde tuvimos otro pinchazo que reparamos en breve tiempo. A la hora de ir al oficio, mientras Man y Fer iban a él, Jose, Angel e Iñaki decidían quedarse a esperarlos para ir todos juntos por camino, mientras Emi, Julio y yo salíamos por carretera rumbo a Villafranca. Hay que decir que Julio quería ir por camino, pero ni Emi ni yo quisimos y se vino con nosotros. Salimos por la N- VI en un trayecto llano totalmente y donde los relevos eran constantes y en algún momento bastante fuertes. Desgraciadamente la carretera tiene el inconveniente de que no pasa por los pueblos y así nos perdimos Cacabelos con el famoso Prada a tope. Eso sí, en un abrir de ojos estábamos ya en Villafranca, a la cual entramos tras dejar la nacional, y subiendo por sus empedradas calles, hasta la Plaza Mayor donde ya nos esperaban Yoli y Bego en una terraza. Sin bajar de la bici Emi y yo fuímos a sellar pegándonos una guapa subida hasta la Iglesia -¿os imaginais donde estaba, no?- y como resulta que allí no sellaban, un correoso sprint de bajada hasta la oficina de turismo para llegar antes de la hora de cierre. Llegamos pero total en todos los sitios donde dormimos en zona de acampada tenían el mismo sello que en la oficina de turismo, con lo cual algunos están "repes". El señorito Julio descansaba plácidamente en una silla de la plaza.

Mientras dejábamos correr el tiempo a la espera de la llegada de nuestros compas, ojeábamos los periódicos comprados por las bellas señoritas. Nos dió tiempo a leer, comentar y guardar largos minutos de silencio rotos por alguna vaga y corta idea, pues nuestros estimados amigos tardaron horas en llegar. Tanto que ya no sabíamos si les habría pasado algo, si se habrían perdido, o pararían a comer en algún sitio. Ya teníamos sitio para comer, y de hecho ya nos estábamos yendo cuando aparecieron, y eso porque vieron a Julio y Bego ir haciá el coche que sino no nos encontramos, puesto que nosotros ya estábamos delante del restaurante candando las bicis, y Yoli dentro ya cogiendo mesa. Comentaron que pararon en Cacabelos, en Prada a Tope, y que Jose y Man en su particular competición se habían distanciado del resto y perdido -de hecho no entraron en Cacabelos-. Creo que fue un mal detalle, puesto que sabían que los esperábamos para comer.

Al ya tener la mesa cogida, comimos separados; por una parte los rezagados y por otra, los plantados. La conversación fue lacónica, pero nada sospechosa. No se comentó nada de los planes de cada uno, sobre todo de los de ellos. Al finalizar, bajamos a la zona, que yo sabía por un cartel que estaba del otro lado de la nacional, en una explanada pedregosa. Pedimos autorización, sellamos de nuevo las credenciales, tomamos posesión de una tienda, candamos las bicis, y nos dispusimos a lavar la ropa y asearnos. Teníamos toda la tarde para nosotros. Allí ocurrió lo más desagradable del Camino, y que recordaremos siempre.

Estábamos ya instalados y disponiéndonos a lavar la ropa, y me estaba calentando un poco porque el nadie había sido tan previsor de traer jabón y el mio era poco más que una lámina. Hacía un solete agradable. De repente empezaron los rumores de alguno que venía de la tienda; Julio estaba hablando con Fer, y le preguntaba si se podían acortar los días que nos quedaban. Hubo conversaciones entre nosotros, y yo fui el más hostil defendiendo la conveniencia de seguir con el plan previsto, conocido de antemano por todos, pues yo seguía temiendo las etapas gallegas, por sus grandes irregularidades teniendo en cuenta que las fuerzas cada vez eran menores, y ya habíamos visto a alguno sufrir más de lo esperado, y el objetivo era llegar a Santiago todos. Además no había engaños puesto que meses antes ya sabíamos el recorrido a hacer. Mis compañeros se plegaron a razones y decidimos nosotros ajustarnos al calendario previsto. Fue la ruptura. Mientras tendía la camiseta a secar -que posteriormente desaparecería- ya me confirmaron que ellos habían decidido continuar algo más deprisa y nos dieron el ultimatum que o con ellos o sin coche. Todos reaccionamos de igual manera, y nos negamos. La escisión se había consumado. La mentira-excusa alegada por ellos es que Yoli se tenía que matricular en Bilbao el viernes -era domingo-, y que según el plan trazado llegaríamos el jueves a Santiago y no le daba tiempo. Venían ahora con esas farsas. El calendario se había realizado de manera holgada, pensando en poder recuperar jornadas en caso de pérdida, y Julio estaba enterado y había aceptado mucho tiempo atrás esas fechas, incluso comentando con Man que él tenía hasta finales de mes libre. Lo cierto es que estaban hasta el gorro; ellas de aburrirse, y él de pedalear, puesto que suponemos, estamos convencidos, que el cogió el coche y se fue a Santiago cómodamente sentado. Además aquello sonaba a una "vendetta" y de las buenas. Era domingo por la tarde en Villafranca del Bierzo, *la urbe más grande del Camino*, que tiene para atención del ciclista multitud de tiendas donde encontrar todo lo necesario, como alforjas para poder continuar camino. ¿Suena o no suena a venganza? Más si tenemos en cuenta que dos días antes, el viernes, habíamos dormido en León, del cual salimos el sábado, día laborable, y se supone que Yoli sabría ya cuando se matriculaba, o es que son tan tontos que no saben contar fechas. Casi me estoy calentando al teclear.

Los ánimos, es fácil imaginarlo, estaban muy caldeados y los insultos estaban en los labios, aunque hay que decir que casi no se oyeron. Mientras nosotros celebrábamos asamblea de impotentes y esperábamos noticias, en la tienda de al lado Fer y en mayor medida Emi entablaban negociaciones para el fin de relaciones, en las cuales tendremos la justa medida de lo cabrones e hijosputa que eran el matrimonio -dejo fuera a Yoli que parecía la única salvable-. Tengo que mencionar que Fer se portó como un caballero puesto que parlamentó con ellos en buen tono, aunque la procesión iba por dentro. Por ejemplo yo, no volví a hablar con ninguno de ellos desde que me fui a lavar la ropa, antes de que se supiese nada.

El caso es que teníamos que ver como nos dejaban la carga, puesto que nos quedábamos sin coche. Nosotros en la otra tienda, pensábamos ya en soluciones de emergencia como la de mandar casi todo a casa vía RENFE, y proseguir con mochilas a la espalda, con lo mínimo e indispensable. Emilio tuvo la idea de llamar a Javi, su hermano, para que nos viniese a hacer de coche escoba. Pero aún lo tenía que localizar. Mientras Begoña daba muestras de lo ......que es, y quería dejarnos las bolsas tiradas en la zona de acampada, con lo cual o nos teníamos que quedar guardándolas, o corríamos el riesgo de quedarnos sin nada. Julio ya ni estaba presente y todo lo decía la sinverguenza de su esposa. Emi la convenció de que subiesen las bolsas arriba -yo pienso que Julio ya ni quería subir el Cebreiro en bici-, donde las recogería Javi a media mañana. En principio estuvieron de acuerdo, y mientras Emi nos comentaba este acuerdo, se echaron atrás y decidieron adelantar la hora de entrega, con lo cual el pobre Javi, caso de localizarlo, tendría que levantarse al alba para poder estar en el momento de la entrega. ¿Como definirlos? Mejor no lo digo. Su excusa esta vez era que no querían estar tanto tiempo en O Cebreiro; ¿pensaría acaso que su marido era un super-man que sube en dos minutos? ¿pensaba subirlo realmente?. Tenían la sartén bien agarrada, y así tuvimos que aceptar las condiciones. Para no agravar más las cosas, le dejé una cadena a Julio con que candar su solitaria bici, pues tenía la intención de salir "mucho antes" para ganar terreno. Voy a adelantarme un poco. Cuando nos levantamos al día siguiente Julio efectivamente ya no estaba, y las chicas aún quedaron en "cama". Cuando se reunieron con Javi en O Cebreiro, le dieron las cosas y acto seguido partieron sin esperar a Julio, a quién Javi no vió. ¿Porqué no iban a esperarlo y verlo en O Cebreiro? ¿Pudo batir el record de subida de cualquiera de los otros peregrinos? Sinceramente mi teoría es que Julio se quedó esperándolas en algún lugar del inicio de la subida, y luego ellas se encargaron de recogerlo, meter la bici en su coche y continuar todos dentro. Harían el paripé en algún albergue y llegaron un par de días más tarde a Santiago donde consiguieron sus "merecidas" (sobre todo la de las "niñas") Compostelas. No hay más comentarios.

Tras pasar el mal trago, y arreglarnos, limpiamos las bicis y decidimos ir a dar una vuelta al pueblo para desahogarnos. Emilio se quedó en la tienda. Tras ver la zona monumental, ya partiendonos de risa de los acontecido, y empezando a ver las cosas buenas del suceso -al fin nos librábamos de la molestia-, y confiando en que Emi hablaría con Javi, fuímos hacía la Plaza Mayor, engalanada al estar en fiestas, y vimos aparecer por el lado contrario al trío. Jose y yo decidimos cambiar de acera, mientras que el *matrimonio* hacían lo propio y tan solo Yoli se paraba para pedir disculpas y desearnos suerte.

Tomamos algo en una terraza, y fuímos buscando un cajero, pero ninguno funcionaba, y dió pie a un préstamo de dineros entre diferente grupos, sobre todo los cántabros que estaban casi sin un real y a quién un padre e hijo de Alcobendas les dejaron unas miles. Entre todos nosotros solucionamos el problema. Llegó pronto la hora de la cena; en todos los grupos habían alguién que quería comer espaguetis. En el nuestro era Jose, quién llevaba soñando con ellos varios días. Su disculpa era la necesidad de energía para la subida del día siguiente. Como las fuentes de información peregrina nunca fallan y funcionan bien, el nombre de moda era Casa Juan. Hacia allí nos encaminamos.

Lo encontramos, y tras de nosotros entró un nutrido grupo de peregrinos, todos conocidos por hacerla en bici. El restaurante, o mejor dicho, la tasca, tenía un piso que antes era eso, un piso, donde ahora había mesas, y allí juntando varias mesas de diferentes formas, y muy apretujados, nos metimos los más de 20 comensales, casi 30, entre ellos los cántabros. No nos dieron opción a pedir la cena. Es conocido que en muchos sitios, al ser tantos baja la calidad y la cantidad. El estafador-propietario, que todo era lo mismo, nos recomendó un escaso primer plato y de segundo una exquisita gallina de la Serra dos Ancares. La pobre gallina debía estar tísica porque solo traía piel pegada a los huesos; si tenemos en cuenta que además la ración que trajo no habría alimentado a 10 personas a lo sumo, podemos imaginar lo bien cenado que quedamos. Eso sí, según comentario del estafador la mejor carne de la gallina es la que está pegada al hueso, y esta poco más tenía. Pero nos reímos todo lo que quisimos. Entre Man, Jose el cántabro y Guti, se entabló una juerga, que contagió al resto de la mesa. La pobre francesita que atendía la mesa -que cara tan larga- fue objeto de más puteos esa noche que en toda su vida, y se los ganaba a pulso; desde la típica broma de pasar varias veces los platos y vasos hasta amenazar a Jose con dejarlo sin postre, aquello fue una inmensa fiesta. Lástima no tener una cámara de video. El caso es que tras "cenar" tuvimos que ir junto a los cántabros a comer unos bocatas a un bar de la corta calle de vinos berciana. Temprano nos fuimos a las tiendas.

Durante toda la jornada el comentario general habían sido las fuertes subidas de Pedrafita, y las tres opciones que había de subirlo, bien por la N-VI, bien por la antigua carretera, com mayores pendientes, o bien por camino, que rechazaba todo el mundo menos por supuesto nosotros y los cántabros.

Nos levantamos temprano, colocamos todo en el coche -Julio ya había salido-. Por primera y única vez llenamos un bidón con agua y glucosa -que Kike me había regalado-. Luego subimos a la villa a desayunar en la Plaza. Fue abundante, aunque esto si que no es novedad, y compramos alguna gominola para la ascensión. Emi tras llenar sus botellas, salió. Un buen rato después partimos nosotros. Como ocurriera en Rabanal del Camino, tampoco los bidones esta vez fueron llenos a tope. En Galicia abundan los pueblos, y en estos el agua. No habría problema, y por tanto, para que cargar con más peso del debido.

Mi decisión era la de ir ya hasta Santiago siguiendo el Camino tradicional. Los segui por las calles de Villafranca, por la antigua carretera. El final del pueblo coincide con un puente, en cuyo primer pretil había dibujadas dos flechas amarillas, una indicando la dirección de la carretera, y otra que nos remitía a una de brutal subida, cuyo fin parecía ser el monte que se erguía a continuación. Preguntaron a una paisana ante la duda;

- Por favor, ¿el Camino por donde va?

- Por el puente.

- Es que ahí hay una flecha.

- Ah, esa. Va al monte. Algún loco va por ahí, pero todo es cuesta arriba hasta la cima y el Camino está perdido.

Fue suficiente para decidirles a meterse por allí. Efectivamente, según contaron despues, y puede verse en las fotos, subierno hasta arriba de todo, por zonas donde no tenían ninguna señal indicadora, y otras donde no había camino, amén de las pendientes más duras que tuvieron que subir en todo el Camino. Consultando diferentes guías, sobre todo la de Elías Valiña Sampedro, que fue muchos años párroco de O Cebreiro y uno de los revitalizadores de la ruta, el Camino nunca fue por ahí, es tan solo una concesión a la aventura. Los peregrinos no eran tan tontos -no os estoy llamando eso, queridos compañeros- para seguir un Camino tan complicado teniendo una buena vía de penetración siguiendo el curso del río, por donde invariablemente fueron siempre los caminos y carreteras de entrada a Galicia. Pero como también hay que vivir la aventura y se veían con fuerzas, se fueron por allá y hoy tendrán "algo más" que contar.

Yo seguí por el puente. Despues de dejarles, y antes de alcanzar la N-VI, cogí a un grupo de ciclistas catalanes en la carretera irregular, donde ellos con sus bicis de carretera no podían ir muy rápido. Se mosqueron un poco, y miraban hacia atrás. Tenía la ocasión de pasarles, pero sabía que al llegar a la nacional me dejarían atrás, y me quedé chupando rueda, hasta que efectivamente los perdí de vista en el buen asfalto.

Nuestro objetivo era subir cada uno a su ritmo, y como mucho quedar en el mojón de entrada a Galicia para hacer una sencilla foto de familia, siempre y cuando el tiempo lo permitiese, puesto que si bien lucía tímidamente el Sol, se veía niebla en lo alto. Mi objetivo particular era intentar llegar al mismo tiempo que ellos, cosa que se me antojaba complicada, puesto que creía que ellos con su ritmo demoledor pronto me darían caza, pese a la ventaja de que ellos tenían que subir al monte anterior.

Llevaba una buena marcha por los llanos de la nacional, pegadita al Valcarce, y adelantaba a varios peregrinos, uno de los cuales, me preguntó por un compañero, y que si lo veía le dijera que iba detrás. Un kilómetro antes de llegar a la desviación de las dos carreteras -actual y vieja-, alcancé a Emi que iba en compañía del compañero por quién me habían preguntado antes, y que se sorprendió de verme solo. Fuí con él ese kilómetro hasta que yo me desvié hacia Vega de Valcarce. Por delante de Emilio se veía una fila bastante larga de ciclista que empezaban la ascensión "suave". Yo continuo por una zona llana, adelantando a peregrinos a pie, y dos en bicis de carretera que subirían por la vieja. En Vega de Valcarce veo aprovechamientos del Xacobeo en forma de bastones de peregrinos a 200 ptas. Sigo a buen ritmo, mirando hacia atrás para intertar verlos llegar, pero no aparece nadie. Empiezo a temer que me hayan ya pasado, incluso a Emi, y ya estén subiendo. En el fondo cuento con ellos para que me echen una mano en caso de dificultad, y además para retrasarlos lo menos posible si me cazan más tarde.

Despues de Vega, empieza un ligero ascenso hasta Ruitelan, desde donde se empina más y tras pasarlo entre la indiferencia de quién ha visto este año más peregrinos que en el resto del siglo, comienza una dura rampa de asfalto. Justo ahí, me detengo a hacer "pis" y quitarme el chubasquero. La subida empieza, y con ella los sudores, y el Sol además ayuda a disipar el frío de la mañana. A media cuesta, se abandona la carretera vieja y por una vereda se baja hacia un arroyo a 400 m. esperpento alegre de lo que inmediatamente aparece, tal es la subida más dura que hice en todo el Camino. Fortísima pendiente, piedras grandes que impiden avanzar sentado en la bici. Me tengo que bajar. Estoy agotado. Empujo la bici. Camino 10 metros. Me paró para coger aire. Sigo otros 10 metros. Vuelvo a parar. El corazón bombea con fuerza empujando toda la sangre, insuficiente casi para alimentar a todo el organismo del oxígeno necesario. Una curva y otra más adelante con la misma o más pendiente....nunca se acaba. Tan solo la ilusión, el coraje, la meta, logran empujarme impidiéndome caer en la tentación de sentarme bajo uno de los carballos que galántemente dan sombra al Camino, ocultándonos del cielo. Tras otra curva más, a pocos metros de La Faba un alivio a mi situación. Está Belén que ha pinchado, tratando de arreglarlo. En dirección contraria llega Guti para ayudarla. Me viene bien este descanso obligado, y tras ver que no me necesitan y tomar nuevos "folgos" continuo mi ascensión. Ni rastro de mis compañeros, aunque ahora ya se que no van delante. Imagino que habrán tenido algún problema mecánico. Pero el problema estaba en su cabeza (va por las locuras a que se sometieron).

Paso La Faba acordándome de la otra vez que había hecho esta senda, suspirando por llegar a la cima. Sigo; las pendientes siguen siendo fuertes, aunque atenuadas por algunas zonas llanas y por la falta de piedras, lo que permite ir sufriendo encima de la bici. Pero tampoco hay árboles, por lo que se contempla una impresionante visión de laderas y montes romos y verdes. Estamos más cerca. Sigo subiendo. Me queda poca agua. Nadie por detrás. Entro en el último pueblo leonés, Laguna, que tiene la gran maravilla de una fuente de buen chorro fresco. Lógicamente paro, bebo y me relajo. Falta poco. Mientras descanso, se aproximan 2 mujeres que había adelantado momentos antes. Son una madre y una guapa hija, cántabras, que peregrinan desde Burgos, y con las que charlo animádamente. Tras unos 10 minutos aparecen Belén y Guti, que hacen una parada y se refrescan.

Continuamos. Falta poco, pero áun quedan unas cuantas cuestas de indudable dureza. Guti va bastante fuerte. Intento seguirlo. Me cuesta. Belén queda descolgada. Llega una fuerte pendiente y Guti me deja atras, mientras yo intento seguirle sin bajarme de la bici, dando tumbos y finalmente, para hacer más fuerza me pongo de pie, sin recordar que en tierra la rueda trasera pierde tracción, con lo cual me desequilibro y tengo que apoyar el pie; mi cabeza de dice que continue andando pero cuando estoy a punto de bajarme oigo la voz de Guti desde más arriba diciendo ¡Venga Pedro!. No puedo bajarme, por orgullo, y continuo encima, sufriendo de nuevo, pero consiguiendo la "proeza" de seguir sobre mi bici. Belén, con sus alforjas en la rueda trasera continua sobre la bici, lenta, pero subiendo con seguridad. Es impresionante lo de estas dos chicas. Más adelante, en una bifurcación de caminos, ya con la pendiente más suavizada, encontramos una bifurcación. Ambas tienen la flecha amarilla, y decidimos ir por la de arriba. Error. Tiene una pendiente más suave, da más vuelta, y no pasa por el mojón de Galicia. Llegamos arriba Guti y yo, y allí están esperando Sofía y José. Hay niebla, llovizna y hace bastante frío, ante lo cual nos tenemos que volver a poner los chubasqueros. Nos dirigimos al pueblo, donde está la hospedería. Allí veo ya el coche de Emilio, y dentro del albergue están ya Emilio y Javi, con quién comento las incidencias, sobre todo el porqué de que yo llegue primero.

Estou ledo. Cumprin, cumprimos o primeiro obxetivo da pereginación, pois chegar o noso país, xa é un bo síntoma. Xa falta pouco, anque haberá etapas duras, pero faranse con outro pensamento. Estou algo canso, pero pasaráseme de seguido, sen teres nengunha secuela da subida. ¡Sei que rematerei a viaxe!.

Pido un café ben quente mais uns bolos, mentras selo as credenciais e tamén unha postal para Caro, que será a derradeira que lle envíe. Xavier e máis eu escrebemos no libro que teñen alí para impresions dos pelegrins algo encol da viaxe e desexos para un Depor campión. Este derradeiro desexo case se cumpre. Chegan os demáis. Cóntan-nos as suas aventuras na subida do monte onde eu os deixara, con todalas suas fatigas. Dende logo sufriron moito retraso. Decidimos quedarnos a xantar alí, na hospedería, posto que tanto Fer como eu lembramos a boa cociña, sinxela, que se fai alí. Ante ela esquencemos a cea do día anterior.

Tras rematar o xantar, Xosé tiña moitas gañas de facer a foto no "mojón" de entrada en Galiza, así que convenceu a Man para que baixase con él para facerlle a foto. A quen tamén lle gostan moito as lembranzas é a min, así que tamén quixen baixar, mais denantes pasei polo excusado, onde por fin regularicei a miña situación...nova ledicia. Dispuxémonos a baixar. Como xa estamos en Galiza, as corredoiras abundan, e por mor de Man metímonos pou unha trabucada. Xa baixáramos uns centos de metros, cando decatouse de que non era esa. A ledicia de baixar trócase de súpeto polo sufrimento de gabear polo monte co bandullo cheo. Collemos o seguinte camiño; eu non quero baixar para non quedar canso, pero o desexo de quedar inmortalizado alí e máis forte, e a pouco que sinto os azos dos compañeiros lánzome detrás deles. A velocidade é alta, e unha pedra no camiño fai que a roda tórzase un pouco, dabondo para que a roda entre nun burato agachado entre as silvas, e eu saia polo ár, e rode polo chan. Ía sen casco, e tiven sorte de que non fixera nin unha soia rascadela. Érgome a presa, collo a bici polo manillar.....e tan só levanto o manillar, mentras o resto da bici fica chantada. Estaba rachada. Teño que avisar os compañeiros, e como ainda non son moi conscente do acontecido, aínda penso na foto. Correndo cara abaixo, crúzome cuns pelegrins que suben e a quen pregunto se falta moito para chegar o moxón, e tamén lles informo que hai unha bici rota algo máis arriba. Quédanse un tanto abraiados ó ver a un tipo con chubasqueiro, con culote e correndo en dirección contraria, pero non é maior ca faciana de Man e Romay cando me oien berrar para que agardasen para a foto. Pensaban que me "raxara" e non baixaba. Feita esta, cóntolles o sucedido, e rápidamente montan nas suas bicis para subir e avisar a Xavi e que non se vaia, eso sí, van convencidos de que lles estou a mentir, e que non se puido rachar a horquilla. Eu subo andando. É cando comezo a ter claro que pode ser o remate da miña viaxe, e síntome un pouco mal, pero tamén sae un optimismo a superficie, e algo me dí que todo terá arranxo.

Chego onde está tirada a bici, e alí está Man agardándome. Romay subíra a toda presa para chegar antes da saída do coche; era a derradeira espranza de non quedar plantado no Cebreiro.

Man colle o lombo a miña bici, mentras eu empurro a sua. É un detalle que lle agradezo. Romay baixa de novo traendo boas novas; Xavi aínda estaba alí, e xa a ilusión volta a todos nos, e latricamos sobre o que se pode facer. Xosé apunta a posibilidade de que en último caso, falemos con Kike e lle pidamos a sua bici, que é a de Romay, e que a envía a algún pobo da ruta. Dígolle que eu seguiría ca sua, unha bici de estrada, pero el está disposto a sacrificarse e deixarme a min a de Kike, a famosa Marin Bear Valley.

As facianas de sorpresa do resto constrastan ca miña "jovialidad". Tomeino con bastante humor. Preocúpanse pola miña saude, e unha vez comprobado que non teño ren e tralas frases de rigor, como que tiven sorte pois non levaba casco, ollan xa para a máquina desfeita. Emilio xa se marchara. Decidimos ir a Sarria para tentar de arranxala alí. Encetan a xornada do serán, mentras algún curioso contempla como Xavi e máis eu metémola bici no coche.

O tempo empeorara casí de súpeto. Unha relativa friaxe acompañaba a brétema que mollaba a estrada. Partimos cara a Sarria, e os poucos kilometros adiantamos a Emilio todo mollado que se sorprendeu de verme no coche. Contámoslle todo o suceso. Seguimos e pasamos polo Alto de San Roque, Hospital de A Condesa, Padornelo e o Alto de Poio, logo do cal empeza unha espectacular baixada da estrada, con moitas curvas pechadas que asustan, pero que teñen que ser unha gozada baixando en bici, eso sí, con tempo seco.

Chegamos a Sarria e mediante indicacións, atopamos un obradoiro de bicis. Alí ollan o modelo, pero non teñen a peza correspondente. Nos din que tal vez nun soldador poderemos arranxar o atranco, pero tras buscar un, temos que ir o concesionario de Renault onde nos dín que se pode soldar, pero que pode rachar en canto toque un burato. Voltamos a tenda onde a derradeira solución pasa por chamar a Lugo a unha tenda meirande. Alegan ter moito traballo, e que non teñen tempo de trocares a peza. Mentres tanto chamo e Kike para tratar de ter outra saída se él me envía a bici de Romay, pero a ten en Pontedeume. Mentres eu volvo chamar a Lugo para insistir, él chama a Seur, quén se compromete a recollela en Pontedeume e deixala en Portomarín o mediodía da seguinte xornada. Nembargantes imos a Lugo para presionar alí moito máis, e de feito tras ver o meu estado -ía co culote, chubasquero, todo suxo- e a bici escangallada, e os meus choros de que non podería seguir facendo o Camiño que traía dende Roncesvalles, accederon, pero non tiñan tampouco a mesma horquilla e tiveron que poñer unha algo máis grosa, o cal deulles moito traballo, e por exemplo non puideron recolocar o contakilómetros. Estivemos unha hora alí metidos. Tras pagar as 6.000 ptas. saímos escopetados cara a Samos, onde iamos durmir. Cando chegamos xa nos estaban agardando os meus compañeiros con certa ansiedade, e os cántabros que tamén chegaran ata alí, e xa definitivamente ían chegar o mesmo día. Montamos a bici e gardámola nun garaxe habilitado para tal fin polos monxes, que tamen deixan unha nave lateral do Mosteiro como aloxamento onde hai literas e baños comuns. Como as literas non chegaban para todos, tocounos durmir no chan. Puxémonos de seguida mans a obra e arranxámonos para ir cear cos cántabros e facer a primeira xornada de confraternización. Antes de sair, un pelegrín pediunos un pantalón longo prestado pois desexaba asistir os cánticos do serán e precísase ir con pantalón longo.

Xusto antes de cear quedeime con Man para chamar por teléfono ...privado..... Voltei sair con Jose Romay e seguía comunicando. Chamei a casa. Non o intentei de novo. A cea foi normaliña, cun viño do ribeiro normaliño.

Durmimos ben; erguémonos cedo anque os peatons xa saíran. Almorzamos nun bar e tomamos algo ben quente. Facía realmente friaxe pese a ser agosto. Iamos ben abrigados, incluso cas sudadeiras. Decidiramos adiantar nos tamén unha etapa, o mellor dito, un día, e así chegar o mércores para o cal xa fixéramos uns cantos kilómetros dende Triacastela, e hoxe pernoctaríamos en Melide en troques de Palas do Rei. O motivo fundamental era a incomodidade que lle estábamos a causar a Javi quen deixara a Tareixa caseque prantada.

Anque a miña bici estaba arranxada eu tiña certo medo a que non aturase e por tanto, mailo meu pesar, decidín acompañar a Emilio por estrada. Arrepíntome sinceiramente pero sabendome que son prudente, está claro por qué o fixen.

Quedáramos en vernos onde selasen as credenciais en Sarria, e axiña chegamos. Nembargantes eles tardaron un chisco máis..... algúns porque os outros quedaronse con Guti, quén rachara o cadro da bici. Viña por lóxica a pe, e tardaron bastante, mentres nos, xunto con Sofía e Belén, máis algúns tomábamos un café. Outra vez o coche foi fundamental. Xa logo do suceso pensamos que foi unha sorte con todo o que aconteceu, que non estivesen o "trio" posto que de seguro que a mín me deixarían tirado xa no Cebreiro. Esta vez o arranxo era máis complicado e a única solución foi soldalo, e rezar para que aguantase ata Santiago. Deixei a Javi e Guti no taller -veríamolos de novo en Portomarín- e saímos, Emilio e eu por estrada.

Pedaleando polas laderas das montañas, subindo e baixando continuamente, chegamos o derradeiro alto antes de Portomarín. Víamos xa o encoro de Belesar, e na outra ourela o novo povo xa que o anterior ficara mergullado baixo o Miño. Tan só nos días de pouca auga encorada vese algunha casa e en tempos de seca a ponte de fai moitos séculos. Vendo a vila, baixando unha divertida pendente, cruzamos o novo viaducto e entramos, subindo, en Portomarín.

Aínda fai frio e somos os primeiros, ante o cal, entramos nunha cafeteria a carón da famosa Igrexa-fortaleza. Agardamos. Chegan Guti e Javi no coche, co trasto reparado. Montouna con gran facilidade. Vou selar. Con sorpresa chegan os cántabros. Saíran o mesmo tempo que os nosos, e chegaban antes, algo realmente extraño. A resposta chegou máis tarde, co terceiro incidente na bisbarra sarriana; Man metera a roda nun bache, e estaba maltreita. Emilio amosou de novo as suas habilidades nunha das tarefas máis dificiles da mecánica das bicis cal é o tensado dos aramios que conforman os radios para que queden uniformemente circular e equilibrada. Para elo tivo que apretar uns e afroxar outros. Fixo-o a concencia e tal foi o que dixo o mecánico que a arranxou definitivamente en Melide.

Fúmos xantar nun bar nos soportais da praza. Reparadora comida, barata e ben preparada. O saír lucía un tímido Sol, e anque coma sempre José "Rominger" xa estaba en posición horizontal, esta vez tiña como compañeiros a varios máis; pese a eles, saímos cedo.

Man tiña que ir tamén por estrada para chegar axiña e amañala roda, e coidaba ir con nos, pero o ver o noso ritmo máis lento, seguiu o seu para chegar antes do peche das tendas. O Camiño neste treito, como noutros moitos, foi soterrado baixo a estrada, e neste ano fixose outro paralelo, con terra e arboliños que dentro duns anos serán fermosos. É unha boa idea para o futuro, pese a que os máis puristas protestan porque dín que non hai que facer Camiño oficial, senon respetar o anterior -totalmente de acordo- e deixar que os pelegríns actuais fagan o pasar de novo o Camiño -semella dificil hoxendía polas facilidades das comunicacións, e anque algún vaia por zonas pouco transitadas, a maioria non o fará-. Afástome de Emilio nas suaves pero continuadas costas e o agardo no cruce pior sinalizado de todo o Camiño. Estrada a dereita e esquerda, e corredoira asfaltada de fronte. Non sabemos que facer. O enorme cartel duns metros máis atrás non chega na sua indicación ata Palas. Non sabemos que facer. Estamos a piques de irnos pola dereita, escoitamos un pitido por detrás e o voltar a testa vimos un todoterreno da Garda Civil dende o cal un axente acenábanos para que seguísemos polo centro. Así o fixemos. Eran parte dos membros destinados para coidar dos pelegrins neste Ano Santo.

Subimos pola estradiña con moitos baches, ascensos e descensos, estes últimos son moi perigosos polas innumerables curvas pechadas e pola presenza nelas de vellos e cativos da casa situada a carón da mesma, alleos a velocidade dunha máquina con rodas. Estamos en Galiza e en calisquer corredoira atópase un rapaz, un vello con maior frecuencia e sobre todo cans.

Chegamos a Palas. Como xa viramos o incrible ritmo que levaban non nos sorprendeu velos alí, xa frescos e sin sede.

Fun selar o albergue; alí ollei os efectos da masificación. O albergue, de caseque 100 prazas, saturado e cunha rigurosa selección. Estaban uns rapaces andaluces que viñan a pe anque non tiñan inconvinte en coller un autobús. Víraos no Cebreiro, e unha das raparigas tiña unha forte bronquite que lle fixo abandoar.

Tras tomar novos folgos, enterámonos da aventura de Man que trabucouse e foi por onde pensábamos ir nos, pola estrada da dereita, y deu unha enorme volta. Cando xa levaba 20 km. máis do que marcaba o libro de ruta él xa pensaba onde "coño" se metera Palas, e que as tendas pecharían e ficaría ca roda torta.

Tiñamos tempo para chegar a Melide e por iso non tiñamos excesiva presa en sair de Palas. Man saíu a toda presa para chegar cedo, e o resto por camiño. Foi preto de Melide cando comezou a chover. Xa o supoñíamos antes pero non o queríamos creer. Tivemos que parar ante a forza da chuvia e refuxiámonos nunha marquesina do bus. Cando parou continuamos, pero antes de 2 km. detivémonos de novo para non mollarnos demasiado anque é inútil posto que o voltar a sair a estrada está mollada e a auga que expulsa a roda molla as nosas costas. Ademáis a visibilidade redúcese, e hai que ir máis amodiño. Entramos en Melide cos pes empapados. Alí xa vemos a Man con Javi. Xa arranxaron a bici.

Quedáramos no albergue e ata alá fomos. Atopamos a moreas de pelegríns coñecidos que xa nos dín que está cheo, o cal o

confirmamos nada máis chegar. Nin unha praza baldeira. Diríxen-
nos a unha zona onde o exército ergueu tendas de campaña no
patio de terra dun colexio, a ata alá nos imos. Cando imos pola
metade do traxecto, sorpréndeunos unha feroz granizada que
afortunadamente cesou nun escaso intre.

Chegamos e alí estaban as tendas de camuflaxe que eu xa
tivera que montar na mili. Eran 10. Non tiña solo, e, o estar
nunha zona que facía un falso plano y de solo areoso,
formábanse canles de auga que penetraban dentro das tendas. A
terra estaba toda mollada. Non se podía durmir enriba de aquela
humidade, e non semellaba haber ningunha persoa o cargo.
Tiñamos un cabreo monumental. As nosas ideas ian dende chamar a
prensa ata montar as nosas tendas dentro das outras.

Invadimos as duchas do colexio sen pedir permiso a ninguén
-non había ninguén-, e ninguén no-lo recriminou -máis lle
valía-. Os azos (ambente), e non tan só os nosos, alporizábanse
por momentos.   Aquelo era terra de ninguén.....ata que
finalmente chegou algúen con certa autoridade. Pero non atopaba
ningunha saída. Ante as nosas presións -xa seríamos uns 20 e
seguían a chegar moreas de xente-, falou co Concello, co
alcalde o cal tras pensalo, decidiu abrir o pavillón de
deportes coa condición de que o abandoásemos antes das nove da
mañá que tiñan que celebrar unhas actividades. Alá nos fomos de
seguido, deixando tan so na tenda a roupa mollada dese serán
para que secase de noite.

Abandoadas as cousas o fondo, pegadas as rexas que delimitan o campo de hocquei, e como xa estábamos mudados, subimos a cear o pobo, empregando o coche en dous desprazamentos. Un tentempé nunha cafetería, e logo baixo un forte orballo, atopamos un sitio onde ceamos moi ben, quente, que boa falla nos facía. Compre sinalar que onde mellor xantamos foi en Galiza, e ademáis máis barato. Foi unha cea relaxada. Voltamos en coche todos porque xa chovía de xeito torrencial. Onde mellor se notaba era no pavillón por ter o teito de uralita. Pese a todo quedeime profundamente durmido, como poucas veces lembró; tan só erguínme unha vez para facer "auguiñas" e logo seguir durmindo, tanto que foi a primeira e única vez que alguén asegura que ronquei. Haberá que comprobalo. Cando despertei xa todo era xente bulindo o meu redor, o cal tamén é bastante extrano.

Era moi cedo, pero o facíamos para tentar chegar a Santiago antes de xantar, despois de 53 km. Recollimos por derradeira vegada todolos trastos, incluíndo a roupa que por suposto non secou na húmida noite. Por derradeira vez descandamos as bicis. Saímos para tomar o noso derradeiro almorzo en ruta, e foi moi forte. Precisamente mentres tomábamos este almorzo chegaron os nosos inseparabeis compañeiros cántabros, que durmiran en Leboreiro, a uns kilómetros atrás, e xa estaban alí. Deron-nos os bos días, e viron-nos partir, mentras eles repoñían forzas.

Decidíramos iren todos por camiño, todos xuntos, anque elo fora bastante complicado. Os poucos kilometros do inicio atravésase un arroio e Fer pasa pola auga, fundindo os seus pes nel. Seguimos e pronto estamos en Arzua, onde xa non paramos. Temos presa. Fortes ascensos condicionan boa parte da nosa marcha. Emilio cada vez vese con menos forzas, e a dureza do Camiño faise patente. Os pasos polos bosques son constantes. De vez en cando sálese a estrada....atravesala e deixala e todo un. O Camiño vai procurando a pureza e tan só a atopa nalgunha dura subida polos guieiros do monte.

A ruta xa está ateigada de pelegrins-turistas. Moreas de xente, pais cos cativos, unha xoven arrastrando unha maleta con rodas. A derradeira pingada que fai rebosar o vaso e que despois de máis de 700 km. os grupos de "folclóricos" protestan porque lles pedimos paso como se o Camiño fose patrimonio exclusivo de quen colle un día ceibe para facer un pouco de senderismo popular.

As laderas sucédense e non sabemos canto queda realmente para chegar o Monte do Gozo, anque si a Santiago pois está sinalizado. Emilio pasao moi mal, pois é incapaz de seguir o ritmo imposto polos de diante e afoga. A min cóstame pero estou a facer os derradeiros esforzos, e paga a pena. De vez en cando fico algo descolgado, pero como non apretan a fondo, non teño maiores problemas.

Atopámonos xa a 21 km. de Santiago. Os indicadores do Camiño dende que entramos na provincia de Coruña -en Lugo tamén hai algúns- indican cada kilómetro a distancia. O Camiño discorre por un bosqueciño onde nos metemos na lama, e logo tras voltar a cruzar a estrada, chea de pelegrins, enfilamos cara o aeroporto, atravesando outro bosque máis nunha constante subida ata que as verxas de Lavacolla pechan-nos o CAmiño que bordea o complexo para sair de novo a estrada de Lugo. Está a ser unha bonita etapa apropiada para BTT anque non de "pura raza". Continuamos paralelos a estrada, ata atopar a derradeira subida; estamos desorientados posto que o Camiño por voltar os seus orixes, deixa a estrada xeral de Lugo, e por outras de menor rango lévanos o inicio de Monte do Gozo, onde na subida un grupo de rapaces apoian-nos o berro de Indurain. Estamos noutro bosquecillo o que saimos a corredoira que leva o campamento de Bando, e da que nos desviamos para coller unha estreita estrada que nos levará o Monte do Gozo, non sin antes reagruparnos para tentar chegar a Santiago todos xuntos. Chove lixeiramente, pero apenas se sinte. Cada vez con máis ledicia, chegamos o desgraciadamente estropeado Monte do Gozo, onde a Xunta e o Concello tiveron a ben desgracialo para facer un complexo desanxelado, onde non se ve vexetación senon tan só terra. Chamado "do gozo" porque dende alí ollaban os pelegrins as agullas da Catedral por primeira vez, subimos ata un feo "monumento", e a sorpresa e descubrir que non se ve nada. Enfádome. Lanzo acusacións fortes contra a Xunta por facer aquela urbanización (?) onde antes había vexetación e quitarnos a vista. En medio da latricada un garda de seguridade indícanos que uns 30 metros máis abaixo vese a Catedral. Pese a todo algo de razón teño e anque ogalla me trabuque, a aquelo non lle vexo moito futuro. Facemos as fotos de rigor e encetamos a marcha cara a meta anhelada. Faise todo por estrada con algunha complicación como escadas, ou a ponte que salva a autoestrada e onde temos que ir por unha beirarrua estreita.

Entre San Lázaro e Santiago imos por unha rua adoquinada, e tras pasala Estrada de Circunvalación, subimos por Concheiros, baixamos por San Pedro a procura da Porta do Camiño dende onde quedan oitocentos metros para a Catedral. Como queremos entrar todos xuntos imos amodiño para que non se descolgue ninguén. A ledicia empurra as bicis mentres percorren zoas onde ainda resoan as pegadas de moitas xeracións de pelegrins: Casas Reais, Praza de Cervantes, Acibechería, Praza da Inmaculada e o Obradoiro onde entramos erguendo a roda dianteira da bici e brincando de ledicia, para xuntarnos todos na praza e pegar un grande berro.

Atrás quedan 10 días de intenso esforzo, sacrificio pleno, incomodidade, pero tamén de satisfacción, ledicia, compañerismo, amizade. A misión está cumprida e o que tan só 15 días antes de rematar parecía dificil estaba feito.

Tras facer a foto de rigor, e falar un pouco ca nai e filla belgas que chegaron tamén o mesmo tempo que nos, fumos a oficiña do pelegrín, e como xa pasaban uns minutos das duas, estaba pechada. Atopei ali mesmo a Felisa quen caseque non me recoñecía.

Baixamos a casa do Fernando para ducharnos e xantar. Mentres uns vixiábamos as bicis os outros aseábanse. No bar da praciña estaba comendo Kike e os amigos de Man a quen lles contamos algunhas das peripecias do Camiño.

Xantamos, e logo fomos levar as bicis a farmacia de Kike onde as deixamos no garaxe, non sin antes atopar os cántabros tomando un café con eles. Tanto Anxo como Iñaki mandaron as bicis por Seur a Donosti, o mesmo que Man e Fer, mentres que a de Kike -a que levou Romay- e a de Emilio e a miña ficaba alí ata mellor ocasión. De seguido os coruñeses voltamos para a nosa cidade. Xose quedouse na casa. Tralos saudos de rigor na casa, e pouco tempo para contar ren, recolleume Emilio e fomos a Santa Cruz onde por casualidade atopamos a Pedro, e propuxémoslle ir a Santiago, e por suposto apuntouse. Tamén recollimos en Palavea, na casa dunha irmá do Guti, roupa para levarlles os cántabros. Na casa de Emilio, non querían crer que rematara todo o Camiño, posto que a min atopábanme moito máis delgado, pero Emi non adelgazará nada.

Tras recoller a Pedro saímos cara a Santiago, onde no Chopp estaban xa agardando todos. Fumos "picar" algo por a cidade, e logo, o estar bastante cansos, retirámonos cedo, organizándonos moi ben na casa de Fer. Eu durmín con él, e para lembrar algo dos aconteceres cotidiáns do Camiño, tras erguernos mercamos dous "croisants" por persoa, e logo fomos despertalos a todos. Non tiñamos moito tempo posto que queríamos ir a Misa do Pelegrín, sobre todo Man, Fer e máis eu. Anxo e Iñaki acompañáronnos, mentres que Pedro e Emilio ficaban acougados na casa, e Xose acicalábase ante a chegada ese mesmo serán de Asun.

Miles de formigas pululaban polos arredores da Catedral. Pouco a pouco fixémonos un oco e puxémonos no transepto. Xente de todos lados. Iñaki saiu de seguida, ante a meirande calor. Longa introducción sobre os pelegríns do día, nomeando os grupos orgaizados que chegaran, longa homilia dun sacerdote; pasa o tempo e a calor faise máis intensa. Non se respira un ambente cristián senon máis ben festivo e turístico. Un pai acompaña a sua filla de poucos anos fora. Pensamos que pola abafento ambente, pero minutos máis tarde volta entrar cunha botella de auga mineral e un donuts, e chocolatinas para o resto da familia. Case fan unha merenda alí. Chega o intre agardado por caseque todos os alí presentes. Sae o botafumeiro; empurróns. Colocan o botafumeiro nas cordas; murmurios. Érguese o botafumeiro; cobadazos. Móvese o botafumeiro; exclamación de asombro, flases, video ¡Baixe a testa que non me deixa ollar!. Párase o botafumeiro; aplausos ....vergoña allea. Prodúcese de seguido a fuxida masiva. Fico extrañado. ¿A qué ven a xente?

¿Decátase a Igrexa? Poderían poñer o botafumeiro nun campo de fútbol; cabería máis xente.

Trala bendizón saímos e voltamos a entrar pola Porta Santa aínda sen aglomeración. A xente facía o sinal da Cruz nunha cruces nas jambas das portas, e entorpecían o movemento ante o cal un dos rapaces da organización decíalles que a tradición non decía eso senon tan só entrar por alí. Non lle facían nin caso. A ringleira para darlle a aperta o Apóstolo daba a volta a xirola e seguía pola nave transversal. Á do Santo dos croques ia paralelo o nave central, mentres a xente daba croques por todas partes. Pensamos que o sepulcro estaría cheo....pero estaba totalmente baldeiro. Incrible.

O sair atopamos os donostiarras e con outros donostiarras que chegaran tamén cando nos, e mentres agardamos que facer, escoitamos a un trío de guitarristas. Fomos o Xuventude a tomar un aperitivo, chamei a casa para avisar de que ficaba a xantar mentres Pedro e Emilio ían para Coruña. Almorzamos cos cántabros, e logo de café o Tio Gallo. Mentres todos se sentar chamo a Carolina, non sin certo medo.......... Quedo en vela ó serán. Dependo de Xose Romay quen subiú buscar a Asun o aeroporto. Despois do café, aínda pasamos pola farmacia de Kike onde Asun entretense algo. Estou algo nervoso, e nótase. Saímos e no camiño a Coruña, vaime Asun dando consellos de como "conquistar" a Carolina e sobre todo de con que agasallala.

Tras chegar a Coruña e arreglarme un pouco, saio para dar unha volta con Caro, quen o primeiro que fai o verme e rirse do meu ainda curto pelo. O demáis lóxicamente non é deste libro.

O día seguinte cedo volto a Santiago para recoller os 4 -Anxo, Iñaki, Man e Fer- e irmos de excursión a Costa da Morte. Anxo ten un pouco de resfriado. Estan cansos pois sairon o día anterior. Antes paramos na farmacia de Kike quen non encarga a comida en Merexo.

Encetamos a marcha camiño de Santa Comba. O principio todo foi ben pero en canto deixamos a boa estrada Iñaki empeza a dar síntomas de mareo. Imos ollar o Dolmen de Dombate e a cidade celta de Borneiro preto de Baio e Laxe; a continuación continuamos cara a Camariñas e logo a Vilano, pese a oposición de Iñaki que non quere máis coche, onde voltamos contemplar a forza do vento. Xa de regreso a Camariñas Iñaki non puido aturar máis e tivemos que deter o coche para que botase a "pota", entre as gargalladas dos demáis. Pasamos por Ponte do Porto e xusto as tres chegamos a xantar a Merexo, a Casa Lola. Fartámonos de papar marisco e un bo pescado, regado con viños do Albariño. Iñaki e máis Anxo fixeron-nos unha pequena trampa e convidáron-nos o xantar. Con moito acougo tomamolo café, e despois fomos a Muxía onde primeiro acercámonos ata o Santuario e fixemos unhas cantas bromas sobre as pedras de Abalar e dos Cadrís. Logo tomamos algo nun bar do porto e o cansanzo era tan grande que algún deles quedouse algo durmido.

Tras o descanso tiñamos que tomar a decisión de ou ben ir a Fisterra, ou voltar a Santiago. Fer insistía en continuar, e Anxo tamén quería seguir, máis Iñaki estaba bastante molesto e prefería regresar, o cal fixemos por Negreira, indo os catro acompañantes sumido nun profundo sono.

Deixenos en Santiago, non sin antes quedar para o día seguinte na Coruña. Pero non todo podía sair ben. Anxo tiña un leve catarro o día da excursión, pero empeorou de noite, e ademáis complicouselle cunha diarrea. Man tamén estaba algo acatarrado, pero non era nada grave. Cando chegaron a Estación de Autobuses, Anxo estaba pálido. O plan era cear e durmir eiquí o sábado, e o domingo xantar en Cedeira. Pero Anxo non estaba en condicións e trocaron o seu billete e regresaron a casa o mesmo sábado.

Despedímonos deles na Estación de Tren. Os nosos xa amigos subiron o tren entre as habituais boas palabras de reencontro. Mentres o tren arrincaba, Iñaki acenaba e Anxo tentaba esbozar un dificil sorriso. Coido que os volveremos a atopar nalgún outro proxecto que se faga.

Fomos a casa, onde fixemos a primeira sesión de diapositivas, ca presenza de Pedro, Kike, Asun e os meus pais. Escollimos unha boa parte das fotos, mentras lembrábamos as nosas peripecias. Botamos unhas boas gargalladas. Logo saímos cara o Bombilla onde xa agardaban os cántabros que tamén viñeran a Coruña e fumos cear unhas tapas, e despois de copas polo Orzán onde atopamos a Blanca e Rafa. Aínda non eran as duas cando marchamos para a casa.

O día seguinte, cedo, saímos para Cedeira. Mentres Emilio recollía os cántabros, eu facía o mesmo con Pedro. En Pontedeume agardamos a que chegasen Xosé e Asun, que tiñan que ir ainda a casa de Kike a recoller a bici de Romay. Chegaron cun retraso abundante.

O chegar a Cedeira fun saudar a nai de Fer que estaba na farmacia, e logo subín cos demáis a Calexa tras intentar chegar a San Andrés e ollar a meirande cantidade de coches aparcados ala abaixo e decidir tentalo polo serán. De regreso en Cedeira, e tras visitar o porto, xantamos no Nautico unhas exquisitas viandas entre as que destacaron os percebes e os camaróns os que fumos convidados polos anfitrions cedeirenses, e que sirveron para que os santanderinos aprenderan a degustar os percebes. Despois unhas cantas racións misturadas de diferentes platos e sobre todos eles sobresaíndo o bonito o rollo sen esquencer o rape en salsa e os chocos, regado con Martín Codax. O curruncho onde nos atopábamos Guti, Man e máis eu foi a que máis pediu e máis papou.

En medio do xantar chegou Kike, quen tivera un pequeno incidente. Cando viña cara a Cedeira, preto de Fene adiantou a un Peugeot cas fiestras escuras, e pisou a liña continua. O Peugeot foi un rato detrás del, e mentres Kike aceleraba o outro tamén ata que o adiantou, intre no cal Kike acenoulles pensando que se serían os típicos macarrillas que se picaran. Cando se puxeron por diante do seu Rover "desca" un brazo saiu pola dereita pedíndolle que parase, mentres na parte de atrás un letreiro luminoso poñía: "Guardia Civil. Tráfico". A faciana de Kike debeu trocar de súpeto. Meteronlle unha leve multa.

Tralo xantar fumos tomar café a casa de Fer, e ollar de novo as diapositivas. Foi unha sobremesa inesquencible. Fenomenal acollida, como sempre, dos pais de Fer. Durante o café sucederonse as choutadas a todo o mundo, e as alianzas trocaban en poucos segundos. Os tiros sucedíanse, e Carolina por partida doble foi moi nomeada: por mor de Fernando e unha Carolina valenciana, e por a miña culpa e quen todos sabemos. Nese ambente tamén quedou atrapada Conchi, que viña saudar a Pili por sorpresa, e a sorprendida foi ela, e sobre todo as suas amigas que vendo o panorama e os baciles que había, decidiron "dar unha volta" polo pobo. Por certo, a túnica que levaba provocou máis dun comentario, e moitas olladas furtivas.

Mentres os máis fervorosos ían a Misa, Kike, Emi, Pedro, Xosé, Asun, xunto a Conchi, Pili e os pais, ficamos na casa latricando, ata que chegaron os da misa, momento no cal encetamos as despedidas, parciais algunhas como as de Pili e os pais.

Saímos cara a San Andrés para que os cántabros non teñan que vir de mortos, e xusto o coller os coches atopamos a Caíto e Belén, xunto a un parente de Kike que ten un Mercedes descapotable. Viñeron con nos. Como o MIrador de San Andrés e a Garita xa foramos pola mañá, tan só quedaba o Santuario. De volta subimos a Ermida de San Antón, dende onde contemplamos unha fermosa posta de sol.

Tras voltar o pobo, máis despedidas máis emotivas cada vez. Logo Pedro e Jose o cántabro voltaron conmigo, e tras deixar a Pedro en Mera, fun deixar a Jose na casa da irmá de Guti en Palavea onde Emilio e máis eu despedímonos definitivamente, ogallá que non para sempre, dos estupendos cántabros. É moi posible que nunca os vexamos máis, e eso é algo triste. Sofía estaba bastante apenada, e anque semelle unha bobada, moitas veces cóllese enseguida cariño as persoas.

Deste xeito remata o meu resumo do máis salientable que aconteceu no Camiño. Ogallá que fose do voso agrado e que o pasásedes tan ben como o pasei eu mentres o fixen. Non quixen profundizar moito no Camiño nin no seu significado, e tampouco quero que quede un sinal triste por mor da despedida, cecais para sempre, de moita xente que fixo con nos este andar.

Agardo as vosas correccións, matizacións e apuntes. Desexo que o ler estas follas e ollar as fotos sintamos a inquedanza de voltar facer algo semellante todos xuntos. Lembremos os bos intres, a ledicis, a aprendamos dos malos momentos vividos.

Tan só engadir que fixen estas breves memorias entre setembro do 93 e febreiro do 94, e feitas e correxidas no ordenador entre maio e o 30 de xullo do 94.

Perdoade -e correxide- cantas faltas ortográficas atopedes, pero se tendes algo máis que engadir ou clarexar do eiquí dito, facedeo aparte, para que poder misturalo axeitadamente despois.

Unha forte, forte aperta
Pedro Rodríguez Moreta

APENDICES

ETAPAS REALIZADAS

Día primeiro
km.   Roncesvalles-Pamplona-Puente la Reina   83

Día segundo
km.   Pte. La Reina-Estella-Viana-Logroño   78

Día terceiro
km.   Logroño-Nájera-Sto. Domingo de Calzada   56

Día cuarto
km.   Sto. Domingo-Villafranca-Burgos   71

Día quinto
km.   Burgos-Castrojeriz-Frómista-Carrión   100

Día sexto
km.   Carrión de los Condes-Sahagún-León   112

Día sétimo
km.   León-Astorga-Rabanal-Molinaseca   104

Día octavo
km.   Molinaseca-Ponferrada-Villafranca B.   33

Día noveno
km.   Villafranca del Bierzo-Cebreiro-Samos   63

Día décimo
km.   Samos-Sarria-Portomarín-Palas-Melide   70

Día undécimo
km.   Melide-Arzua-Santiago de Compostela   55

Nos saímos de A Coruña o venres 13 de agosto de 1993, chegando a Vitoria, e de alí a Pamplona o sábado pola mañá, e polo serán a Roncesvalles. Comenzamos o domingo 15, e rematamolo Camiño o mércores 25 de agosto de 1993.

As páxinas que veñen a continuación fixeronse antes de comenzar a peregrinaxe, e son máis que nada curiosidades. Nelas atoparemos as datas que se baraxaban o principio, resumes dos treitos a realizar baseados nas guías, moitas trabucadas, que manexábamos, e os que considerábamos ferramentas imprescindibles para irmos con tranquilidade o Camiño, asi como a roupa que tentaríamos levar, todo esto tendo en conta a posibilidade de non ter coche apoio. Sinceramente creo que fai sorrir velo agora.

Tamén hai unhas notas sobre recomendacións para o viaxe en todolos sentidos, e experiencias doutros pelegrins.

Roncesvalles-Puente la Reina 63 km.

Hasta Espinal se bajan 5 km., para luego subir hasta Mezquiriz por un camino con abundante vegetación. Por camino seguimos hasta Viscarret. Si se hace por carretera desde Espinal a Viscarret hay 6 km. Tras dos km. a Linzoain se inicia una subida dura al Alto de Erro, durante unos 4 km por un camino bueno si está seco. Luego se baja por Zubiri para llegar por el camino a Larrasoaña -por carretera serían 10 km-, y ya todo por carretera hasta Pamplona distante 12 km.

Una vez atravesada Pamplona, cogemos una carreterilla, que más tarde se convierte en camino, y que atravesando Cizur Menor y Guendulain, en constante ascenso, nos lleva al Alto del Perdón. El camino es bastante bueno. Alguna rampa empinada. Serían 10 km por carretera. Luego en descenso continuo, incluso con bajadas de gran pendiente se llega a Puente la Reina. De Pamplona a Puente la Reina por carretera hay 23 km.

Puente la Reina-Logroño 68 km.

Se sale por la carretera de Eunua, que dos km. más adelante se separa del camino. Empieza una dura subida a Mañeru (3 km.). En Cirauque se coge una calzada romana mal conservada. Hasta Estella, se va todo por camino, atravesando constantemente la carretera, con suaves ascensos y descensos. Por carretera ya se habrán recorrido 20 km. Pasado Estella, hay una fuerte subida hasta el Alto de Ayegui, donde está el Monasterio de Irache, con su fuente de vino. Se sigue unos 6 km. por carretera y luego se coge el camino hasta Viana, que está en buen estado, sin pendientes pronunciadas. Llevaremos unos 58 km hechos y quedarán 9 para Logroño, por carretera.

Logroño-Sto. Domingo de la Calzada 46km.

Hasta Nájera se va casi todo el rato por un buen camino para bicis, con alguna cuestecilla, pero en general bastante llano, aunque hay que subir al Alto de S. Antón, que es suave. (por carretera a Nájera 25 km.). De Nájera a Azofra, es constante ascenso aunque no muy duro, durante 6 km. por buen camino, por donde sigue durante otros cuatro, hasta unirse con la carretera que nos llevará a Santo Domingo (11 km).

Sto. Domingo-Burgos   76 km

Yendo por carretera hasta Belorado, totalmente llanos, durante 22 km. A partir de ahí se coge un buen camino, sin prácticamente pendientes, hasta llegar a Villafranca de Montes de Oca, (14 km.), donde se inicia una muy fuerte subida en los primeros kilómetros para suavizarse un poco después. Ya en descenso se llega a San Juan de Ortega, tras haber recorrido 15 km. Hasta Burgos nos queda unos 20 km, por camino salvo un par de ellos por carretera, con algún buen ascenso y bastante descenso.

Burgos-Carrión de los Condes   86 km.

A los pocos km cogemos ya el camino, que ascendiendo, en algún momento fuertemente nos llevará a Hornillos. Se desciende brevemente y se vuelve a ascender duramente hasta Hontanas; llevamos unos 21 km. Iniciamos un descenso rápido a Castrojeriz por carretera, y algunos kilómetros más adelante hay una durísima subida -incluso de ir andando- para luego descender a Itero.

De Itero a Fromista se va por un buen camino sin complicaciones, de donde sale por camino para enlazar unos km. más adelante con la carretera que ya no abandona hasta Carrión.

Carrión-León   99 km.

Se sale por una calzada romana, que hace sentirte como una batidora, durante 15 largos kilómetros, unido además a un suave ascenso. Al entrar en la provincia de León, se inicia el descenso, ya en la carretera, y se llega a Sahagún. Por carretera desde Carrión hay 45 km.

Desde hay se coge un buen camino de concentración parcelario, con escasos desniveles, que tras 25 km nos coloca en Mansilla de las Mulas, desde donde se seguirá por carretera hasta León distante 20 km.

Como posibilidad se sigue hasta la Virgen del Camino, que está a 8 kilómetros de León.

León (Virgen del Camino)-Rabanal   55 km.

Desde la Virgen del Camino hasta Astorga separada por alrededor de 38 km, vamos por la carretera, con bastantes toboganes.

Pasado Astorga, se toma una carretera estrecha asfaltada al centro de la Maragatería. Pasamos por Castrillo de Polvazares, hasta donde se llega más o menos cómodo, y empieza la dura ascensión a El Ganso, desde donde quedan unos bastante duros 5 km hasta Rabanal del Camino. Desde Astorga puede haber alrededor de 30 km., la mayoría de ascensión y fuerte.

Rabanal-Villafranca del Bierzo   49 km.

Seguimos por el mismo camino, y seguimos subiendo duramente, atravesando Foncebadón (a 5 km.) y un par de km. más adelante alcanzamos la Cruz de Ferro, la cumbre del camino con 1.500 metros de altitud.

De ahí empieza un descenso pronunciado y alguna vez vertiginoso con camino y carretera hasta Molinaseca (14 km.), y luego ya se alcanza Ponferrada, sin apenas pendientes. De Ponferrada se sale por un camino que circunda la escombrera de la central de Compostilla, y enfilamos a Cacabelos por un camino no demasiado complicado y bueno, para seguir a Villafranca. Kilómetros antes de llegar a ella, contactamos con la N VI. De Ponferrada a Villafranca hay 20 km. por la N VI.

Villafranca-Triacastela   53 km.

Seguiremos durante algunos km la N VI, y a la altura de Ambasmestas, a 15 km del inicio, tomamos la antigua carretera, para seguir la ribera del Valcarce. Es una continua subida, prólogo de lo que nos espera. Tras pasar Ruitelán, y bajar a Herrerías, empieza a empinarse la carreterita. Hasta La Faba, la subida se va haciendo más dura, y no abandonamos el asfalto, pero a partir de esa aldea, la pendiente sube vertiginosamente, mientras que el camino es pedregosa, lo cual obliga a bajar de la bici en algunas zonas. Tras pasar la última aldea castellana, entramos en Galicia, por camino estrecho pero apto para pedalear.

Quedan poucos km para chegar O Cebreiro. Dende Villafranca fixeronse uns 30 km. Dende O Cebreiro, séguese a estrada, que en contínuos tobogans, con algunha pendente forte, como cando se gabea o Alto do Poio, a 8 km do Cebreiro, lévanos ata Biduerdo, onde se pode tomar o camiño que baixa directamente a Triacastela.

Triacastela-Portomarín   52 km.

Dende eiquí pódese seguir pola estrada a Samos, para logo continuar ata Sarria, ou tomar o camiño que ascende a San Xil suavemente, e máis fortemente a Riocabo. Comenza logo un descenso rápido ata Sarria (9km.), de onde se volta a coller un camiño de terra.

En xeral os camiños galegos son moi técnicos, con penas agachadas entre a vexetación, e se ben non hai duras ascensions, si hai pendentes que poden facer baixar da bici.

Se chega a Portomarín, cos típico tobogans do camiño.

Portomarín-Arzua   53 km.

Os 22 km que afastan Portomarín de Palas do Rei, fanse caseque na sua totalidade por camiño, con ascensos e descensos contínuos e sen que se poida falar de zoas chás.

Ata Melide hai uns 15 km. nos que prácticamente vaise a carón da estrada, pero son poucos os metros nos que se vai por ela. Seguen as subidas e baixadas.

Os 16 km que fallan para chegar ata Arzua, tamén se fan por camiño, e tamén con subidas e baixadas xeralizadas.

Arzua-Santiago de Compostela 35 km.

O Camiño pérdese en moitos treitos, por mor da estrada, i en moitas zoas é preferible seguir a estrada. Na derradeira zoa antes de axexar as Torres da Catedral, no Monte do Gozo, non se sabe moi ben como está por mor das obras feitas alí.

Tras chegar a Santiago, haberá que ir a recoller a Compostelana, que acredita ter feito o Camiño alomenos en cen kilómetros.

CALENDARIOS INICIALES PROPUESTO

Sábado	14 agosto	Salida
Domingo	15 agosto	Llegada a Roncesvalles
Lunes	16 agosto	Preparación en Roncesvalles
Martes	17 agosto	1° etapa Roncesvalles-Pte.la Reina 63 km.
Miércoles	18 agosto	2ª etapa Pte.la Reina-Logroño 67 km.

Jueves	19 agosto	3ª etapa Logroño-Sto. Domingo	46 km.
Viernes	20 agosto	4ª etapa Sto.Domingo-Burgos	76 km.
Sábado	21 agosto	5ª etapa Burgos-Carrión	86 km.
Domingo	22 agosto	6ª etapa Carrión-León	99 km.
Lunes	23 agosto	7ª etapa León-Rabanal	64 km.
Martes	24 agosto	8ª etapa Rabanal-Villafranca	49 km.
Miércoles	25 agosto	9ª etapa Villafranca-Triacastela	53 km.
Jueves	26 agosto	10ª etapa Triacastela-Portomarín	52 km.
Viernes	27 agosto	11ª etapa Portomarín-Arzúa	53 km.
Sábado	28 agosto	12ª etapa Arzúa-Santiago	35 km.

Sábado	14 agosto	Salida	
Domingo	15 agosto	Llegada a Roncesvalles	
Lunes	16 agosto	1ª etapa Roncesvalles-Pamplona	40 km.
Martes	17 agosto	Día de preparación	
Miércoles	18 agosto	2ª etapa Pamplona-Viana	75 km.
Jueves	19 agosto	3ª etapa Viana-Sto. Domingo	56 km.
Viernes	20 agosto	4ª etapa Sto.Domingo-Burgos	76 km.
Sábado	21 agosto	5ª etapa Burgos-Carrión	86 km.
Domingo	22 agosto	6ª etapa Carrión-León	99 km.
Lunes	23 agosto	7ª etapa León-Rabanal	64 km.

Martes	**24 agosto**	8ª etapa Rabanal-Villafranca	49 km.
Miércoles	**25 agosto**	9ª etapa Villafranca-Triacastela	53 km.
Jueves	**26 agosto**	10ª etapa Triacastela-Portomarín	52 km.
Viernes	**27 agosto**	11ª etapa Portomarín-Arzúa	53 km.
Sábado	**28 agosto**	12ª etapa Arzúa-Santiago	35 km.

La variante de Cedeira, sería no hacer el día de preparación, y empezar ya el 16, lunes, con lo que el día a mayores, se podría usar bien para descansar o bien para desdoblar alguna etapa.

Como se puede comprobar fácilmente, finalmente se optó por adelantar un día, y se ganó otro día en el Camino tras la venganza del trío.

INFRAESTRUCTURA

HERRAMIENTAS

<u>COMUNES</u>

Troncha cadenas

Desmontables para las ruedas

Juego de llaves Allen

Juego de llaves fijas planas: 10,11,14

Llave inglesa pequeña

Cables de cambio

Cables de freno

Zapatas

Aceite, grasa

Bolas

Alicates

Destornillador mixto

<u>PERSONALES</u>

Cubiertas: Dos plegables por persona, preferiblemente de kevlar, más resistentes.

Cámaras: Dos plegables por persona.

Parches: Una caja cada uno.

Llaves de dirección: Según los tipos que haya.

<u>ACCESORIOS PERSONALES</u>

Casco

Guantes

Botellines de 3/4 l.: dos, uno para agua, y otro isotónico

<u>EQUIPO COMUN</u>

Tiendas: bien sean canadienses o iglús.

Botiquín

Bebida isotónica

Papel Higiénico

Jabón para lavar

Cadenas u otro medio para proteger las bicis.

<u>EQUIPO INDIVIDUAL</u>

<u>Ropa para ir en bici</u>

Camisetas: unas 4

Coulottes: o pantalones cortos no flojos, 2

Calcetines: 6 pares

Chubasquero:

Sudaderas: al menos dos.Servirán para vestir también.

Tenis: que no estén nuevos

<u>Ropa para las paradas</u>

Polo: también servirían las camisetas

Pantalón: unas bermudas y un pantalón vaquero

Calzoncillos: dos o tres

Náuticos:

Aseo personal

Toalla: con una de tamaño mediano llegaría.

Cada cual lo que considere oportuno. Muy recomendable unas chancletas para ducha. El gel se podría llevar común, antiséptico.

Otros objetos personales

Saco de dormir

Esterilla

Navaja multiusos

Botiquín

Compresas de gasa estériles: una caja pequeña

Rollo de venda: de 5 cm.

Esparadrapo: de 1,5 cm. y de 5cm.

Desinfectante: Betadine pequeño o alcohol.

Algodón: pequeño

Venda elástica: de 7 cm. no adhesiva mejor.

Analgésico tópico: Reflex o Cloretilo.

AAA comp: Aspirina u otro. Aparte una pequeña de Nolotil.

Antiinflamatorio tópico: Fastum o similar.

Antihistamínico: Astemizol

Pomada antihistamínica: Llevar o esta o la anterior.

Repelente de insectos:

Tiritas: un paquete de difs. tamaños y otro de cortar

Pinzas de depilación:

Chicles dentales

Pomada para rozaduras

Pomada para el culo: Quizá tipo hemorrane.

Esto es el esquema inicial de lo que preveíamos llevar. Finalmente se llevaron de herramientas las necesarias para cambiar una rueda pinchada: desmontables, cámara, parches y cubierta. Además unas cuantas llaves Allen y una llave inglesa.

Del jabón para lavar casi nadie se acordó y se usó el mío. La bebida isotónica casi ni se usó.

El botiquín no se hizo.

De ropa personal y llevé:

Un par de **zapatillas de deporte**.

Un par de **naúticos** para las horas de ocio.

Un par de **chancletas** para la ducha.

Seis pares de **calcetines**.

Un **coulotte** posteriormente compré otro, o sea DOS

Cuatro **calzoncillos**.

Unas **bermudas** para el ocio. Dos pañuelos.

Cinco **camisetas** y otra de regalo.

Un **polo o niki**.

Una **sudadera** que hacia las veces de jersey en descansos.

Un **chubasquero**.

Guantes, casco, gafas. Esterilla, saco de dormir, una toalla grande. Maquinilla afeitar, espuma, masaje, peine, gel, colonia. Papel higiénico.

CONSEJOS ANTERIORES AL CAMINO

Lo primero ha de ser informarse de lo que es una peregrinación. Las mejores guías son:

Santiago el Mayor, Patrón de España de Precedo Lafuente M.J. Editado por el Arzobispado de Compostela 1985. Ritos y costumbres del camino

A vida dos peregrinos polo camiño de Santiago.Barret. Edición Xerais. Anécdotas do peregrinos.

Guía del peregrino. Valiña Sampedro. Everest. Mapas. **Tengo**

El Camino de Santiago en Mountain Bike.Juan Jose Alonso Pedales (Juanjo Pedales), Ed. TUTOR Colección Rutas.

Curiosidades del Camino de Santiago, Juan Ramón Corpas, El País-Aguilar.

Es inútil hacer el camino a trozos, lo mejor es plantearse que distancia se podrá hacer en el tiempo disponible y empezar desde ahí.

La credencial del peregrino, especie de salvoconducto que autoriza el uso de refugios y permite acogerse a los beneficios de la peregrinación, basta con llevar una carta de presentación de la parroquia de cada uno o de una Asociación de Amigos del Camino, o bien en cualquiera de los siguientes puntos de partida si se demuestra una mínima voluntad peregrina : Roncesvalles, Pamplona, Puente La Reina, Logroño, Sto. Domingo de la Calzada, Burgos, León, Astorga, O Cebreiro. En dicho documento se irán poniendo los sellos y firmas de los lugares por donde se pasa, bien sean parroquias, ayuntamientos, refugios, y al final será el justificante de que el titular ha recorrido más de 100 kilómetros para conseguir la *Compostelana* en la Catedral de Santiago, un bonito certificado que garantiza que se ha concluido la peregrinación.

Consejos prácticos para el peregrino ciclista

El Camino resulta mucho más llevadero en bici que a pie. Además, ese medio de transporte da más juego para poder planificar las etapas. Es norma de los refugios atender antes a los peregrinos a pie que en bici.La gran movilidad de la bici permite hacer el camino francés en unas dos semanas.

La gran desventaja es que no se puede seguir el camino original salvo con bicis de montaña, y se pierde el contacto con otros peregrinos. Existe una guía, El Camino de Santiago en bici, de editorial SUA, País Vasco de 1990. pero la más recomendable es que cada uno usando mapas de escalas 1:250.000 o 1:500.000, se haga sus propias etapas.

Adecuada preparación física con alforjas y peso incluidos, pero la verdad es que llega con estar algo habituado a andar en bici y no tener problemas de salud. Conviene llevar a punto la bici. Las mejores serán de carreras o mejor de cicloturismo, con llanta ancha. Las de montaña, por su gran anchura de rueda frenará mucho en asfalto. Se aconseja forrar el sillín con goma espuma y luego recubrirlo. Como material de la bici habrá que llevar, todo tipo de llaves, cámara, zapatas del freno y radios de repuesto, parches y lija, bombín, un par de botellines, uno con bebida isotónica y otra con agua. Las pedaletas permiten aprovechar mejor el esfuerzo.

Las bolsas laterales traseras has de llevar aproximadamente el mismo peso y encima de la parrilla irá el saco y la estera. No cargar una mochila en la espalda.

EL mejor atuendo sería culote corte o largo, camiseta o maillot con bolsillos atrás. Botines convencionales, pues cuando se pise puede ser por suelos de adoquines. Todo ajustado y vivos colores.

Con las bicis de montaña se pueden seguir las rutas tradicionales, tanto en adoquines como tierra, pero por su gran peso y el equipaje, el viaje se hace muy duro y los riñones acaban doliendo. En ciertas zonas de montaña, ni siquiera con ella se puede transitar bien.

Si se va en grupo, ir en fila india y pegaditos al arcen o por él.

Consejos prácticos para el peregrino de a pie

Lo primero que hay que decir es que está al alcance de todos. Lo primero es planificar las etapas, viendo cuantos kilómetros se pueden recorre cada día. 20 o 30 es una buena cantidad, aunque algunos días se harán más y otros menos. También habrá que contar con donde estén los albergues. Luego se irá modificando sobre la marcha, según las condiciones climáticas, y orgánicas. Un día de descanso semanal es algo que el cuerpo agradecerá.

La mochila, que ha de ser buena, no debe llevar más de 10 kilos. Veamos lo que nunca deberá faltar en ella. Debe ser ligera, con armazón para que la espalda vaya recta, y mejor si tiene una correa para ajustarse a la cintura. Conviene que tenga muchos bolsillos para distribuir las cosas por secciones. Si no está bien impermeabilizada, se deben guardar las cosas en bolsas de plástico. Lo más pesado debe ir al fondo, y en contacto con el cuerpo.

Los pies van a pegarse una paliza tremenda y a soportar muchos más peso del habitual. Como hay que caminar sobre todo tipo de terreno y en diferentes estados (asfalto, adoquines, gravilla, tierra embarrada o no,...) lo mejor son unas botas de marcha ligera, flexibles y que transpiren bien. En el asfalto lo mejor sería el calzado deportivo, pero no vamos a cambiar cada dos por tres, informarse mediante las guías de que terreno tendremos prioritariamente ese día. Por la noche es mejor tener unas zapatilla o sandalias de baño. Por supuesto, que nadie estrene calzado en ruta. Usar calcetines gordos de deporte o colocar unos finos debajo y otros mediando encima. Llevar cuatro o cinco pares.

En verano, el resto de las prendas bajan bastante, pues suele llegar con dos o tres camisetas, un pantalón corto, y otro largo de chandal, una camisa para algún día de descanso, un jersey y un chubasquero completo o mejor un poncho impermeable de montañero que cubra también la mochila.

La esclavina ya no se usa, pero en aconsejable un sombrero de ala ancha por ejemplo de paja. Tres o cuatro mudas de ropa interior, pañuelos, un traje de baño....luego a lavar.

Otros útiles serán un bordón de madera, que se podrá hacer en cualquier monte, y que será útil para apoyarse al caminar, y alejar a perros, una cantimplora y, por supuesto, una concha de vieira a la que se les hace un agujero y se les pasa un cordón.

Se suele llevar una estera, el saco de dormir, una linterna y una navaja multiusos, algún libro y fotocopias de guías, mejor plastificadas, en vez de los originales para no estropearlos, una libreta para notas, una toalla, útiles de aseo, pinzar para que seque la ropa en la mochila cuando caminamos, y por tanto detergente.

No debemos olvidarnos la cartilla de la Seguridad Social, libretas de ahorro o tarjetas de crédito o de cajero, y documentación personal.

El botiquín a llevar constará como mínimo de tijeras, gasa, aguja, esparadrapo, tiritas, mercromina, alcohol, vaselina y sales para los pies, algún gel o spray antiinflamatorio, crema solar, antitetánico, papel higiénico. Para endurecer los pies se puede usar una mezcla caliente de cera de vela, aguardiente y aceite de oliva.

No es conveniente atiborrarse de comida ni excesivamente de agua, pues salvo tramos muy concretos, abundan los pueblos, tiendas y fuentes. Eso sí, debe llevarse algo de chocolate, frutos secos, azúcar, o pastillas de glucosa.

En zonas donde apriete el calor, es mejor hacer la andada por la mañana. Mucha prudencia en carreteras nacionales muy transitadas y que aún no tienen camino de tierra paralelo. Perderse es difícil, pues la ruta está señalizada con marcas y flechas amarillas, una equis en una bifurcación a la entrada de un sendero indica que esa vía es incorrecta. Por último, tampoco sobra recordar que es preferible llegar pronto a los refugios y que hay que dejar allí todo tal y como estaba, y si puede ser algún donativo. Al día siguiente otros ocuparán ese lugar.

Autora: Carolina E. Carballo Pérez
Editor: Lulu
ISBN:978-1-4452-6153-9
Ano publicación: xaneiro 2010
Todos os dereitos reservados
Prohibida a reproducción total ou parcial deste libro sen o
permiso da autora e do editor.

1545831R0

Printed in Great Britain by
Amazon.co.uk, Ltd.,
Marston Gate.